RAKE
VERLAG

De Rottwinkels
UNBEDINGT NOTWENDIGES
Blödsikon

verrät, was die Wörter wirklich bedeuten

Herausgegeben von
Klaus de Rottwinkel

Mit einem Vorwort von
Jürgen von der Lippe

RAKE
VERLAG

1. Auflage 2001

Umschlaggestaltung und Illustration von Regine Rottwinkel
Druck und Bindung Koninklijke Wöhrmann, B.V., Zuthpen
Printed in the Netherlands
ISBN 3-931476-56-1

VORWORT

Ist es Ihnen nicht öfter schon mal im Schneckenhaus der Muttersprache zu eng geworden? Sicher doch! Und was ist überhaupt ein Schneckenhaus? Ein Eigenheim, dessen Tilgung nur sehr langsam vonstatten geht, ein Nonnenkloster oder ein Zufluchtsort für von ihren Partnern misshandelte weibliche Exemplare der Gattung Helix pomatia?

Und schon haben wir das Prinzip des vorliegenden Buches erklärt und hoffentlich gerafft. Das Buch meines engen Freundes Klaus de Rottwinkel, jener Edelfeder, die praktisch zu König Artus zählt, was Comedy-Schrifttum anbelangt; ein Lancelot der Wortwahl, ein Galahad der Syntax, ein Gawain des Hintersinns, ein Parzival der Pointe. Dieses Kompendium geistigen Kraftsports ist nicht nur für den Profiblödler «sine qua non». Es kann auch für den interessierten Laien (im Gegensatz zum Kritiker: dem uninteressierten Laien) Portschlüssel in die magische Welt des Nonsens sein. Wie sagt Kant: Es muss in allem, was ein lebhaftes, erschütterndes Lachen erregen soll, etwas Widersinniges sein (woran also der Verstand an sich keinen Wohlgefallen finden kann). Aber Sie kennen ja Kant!

Was ist der Unterschied zwischen Goethes Werther und dem Blödsikon von Klaus de Rottwinkel, dem Merlin des Mokanten? Letzteres lädt zur Nachahmung ein, denn wer wird sich heute noch unglücklich in eine verheiratete Frau verlieben und sich beim Erschießen so blöd anstellen, dass er noch zwei Tage lebt?!

Und nun viel Spaß bei der RENTE (auf Laufgeschwindigkeit gezüchtete und flugunfähige Ente, S. 172); der ROLLEX (sehr pummelige ehemalige Geliebte, S. 173), dem EINHORN (kleinstmögliche Blaskapelle, S. 48) und dem EISBÄR (selber suchen macht Spaß!)

Jürgen von der Lippe

DAS A

Jedes Alphabet, das einigermaßen etwas auf sich hält, beginnt mit diesem Buchstaben. Was kein Wunder ist. Schließlich steht das A wie eine Eins als Symbol für den Beginn von etwas. Kein Zufall also, dass verblüffend viele Wörter, die einen Vorgang des Beginnens ausdrücken, mit diesem Buchstaben beginnen. Denken wir nur an Wörter wie anfangen, anfahren, ansetzen, anwerfen, anziehen, anlassen, anzahlen und anbaggern. Außerdem steht das A für qualitative Klasse. Ist etwas vorzüglich, so hat es eins-a-Qualität. Und das A ist auch ein äußerst wohlklingender Vokal mit einem breiten Aussagespektrum. Da wäre zum Beispiel das lang gedehnte «Aaaa» des Patienten beim Hals-, Nasen-, Ohrenarzt. Es stellt einen Klangcocktail aus Geduld und banger Erwartung dar. Doch rammt der HNO den Spatel allzu heftig in den aufgerissenen Rachen, kann das «Aaaa» sehr schnell zum «Au» mutieren.

Dann wäre da auch noch das polyphone, mit großer Inbrust und Bewunderung intonierte «Aaaa». Wir kennen es von der freudig erregten Menschenmenge, die sich vor einem brennenden Finanzamt eingefunden hat. Dieses enthusiastische «Aaaa» schlägt sofort beim Eintreffen des Löschzugs in ein enttäuschtes «Aooo» um. Und dann hätten wir auch noch das kurze, gepresste «Aa», mit dem der weiße Kavallerist im Western zum Ausdruck bringt, dass er den Pfeil in der Schulter a) zur Kenntnis genommen hat, b) menschlich schwer enttäuscht ist, und sich deshalb c) rechtliche Schritte vorbehält.

Doch lenken wir nun unseren Blick von Klangbedeutungen auf die mannigfaltigen Bedeutungen von Wörtern, die mit A beginnen. Wörter, die Ihnen vertraut erscheinen, doch deren wirkliche Bedeutung Sie, sehr geehrtes Lesewesen, bislang noch nicht gekannt haben. Möge Ihnen bei der sorgfältigen Lektüre das ein oder andere Aha-Erlebnis kommen.

ABFÜHRMITTEL
Ein Gegenstand, der es Person A ermöglicht, Person B von Punkt C nach Punkt D zu bringen. Klassische Abführmittel sind Handschellen, Fußketten, Zwangsjacken und Eheringe. Viele dieser nützlichen Gegenstände gehören mittlerweile zur Grundausstattung eines gut sortierten Hobbykellers. Dort dienen sie weniger dem Arretieren, sondern mehr dem Stimulieren.

ABORT
Synonym für Ausgangspunkt; die Stelle, von der man gestartet ist oder starten will. Populäre Aborte sind: Flughäfen, Bahnhöfe, Bushaltestellen und Friedhöfe. Gelegentlich auch von Duden-Puristen verwendete Abkürzung für «abartige Orthographie».

ABRISSBIRNE
Helmut Kohl nach der Spendengeschichte.

ABSATZSCHWIERIGKEITEN
Der statische Konflikt zwischen einer britzebreiten Blondine und ihren viel zu hohen Pumps.

ABSEITSFALLE
Eine mechanische Fangvorrichtung, die falsch aufgestellt wurde und deshalb nichts oder zumindest nicht das richtige fängt. Zum Beispiel die Hummerfalle im Klobecken oder die Bärenfalle auf dem Trimm-Pfad.

AFTERSHAVE
Engl.: die Rasur des rückwärtigen Intimbereichs.

AKNE
Das Klangbild, das sich vermittelt, wenn jemand mit einem Korken zwischen den Zähnen «Ach ne» sagt.

ALABASTER
a) Verballhornte Eindeutschung der französischen Phrase «à la

buster», einen lustigen Stummfilm im Stile Buster Keatons' meinend. Also einen Streifen wie «Stille Tage in Clichy», «Lautlos im Weltall» oder «Das Schweigen der Lämmer».
b) Ein LKW aus dem US-Staat Alabama.

ÀLA CARD
a) Sich mittels Land- oder Straßenkarte orientieren.
b) À la card speisen: ein unterproportioniertes Restaurantessen, das überproportioniert teuer ist, mit der Scheckkarte bezahlen müssen, weil das Bargeld nicht reicht.

ALBORG
Dänischer Fischverleiher, bei dem man sich Kredithaie, Leasingmantas, Stotterkois, Pumpmakrelen und Ratenrochen ausborgen kann.

AL DENTE
Der Zahnarzt von Al Capone. Doktor Al Dente füllte des Banditen Beißerchen mit Gold und wurde dafür selbst mit Blei gefüllt. Immerhin hatte Al Dente ein sehr erfülltes Leben.

ALBUM
Die Lautmalerei eines aus der Küche kommenden Kindes, welches das Interesse seines Umfeldes darauf lenken möchte, dass in der Mikrowelle soeben ein Aal explodiert ist.

ALIBI
Bisexueller Araber. Ein großer Bewunderer der Alibis war Lawrence von Arabien.

ALLESKLEBER
Postlerjargon für einen Post-User, der sämtliche Posttarife fröhlich ignorierend, irgendwelche Briefmarken auf irgendwelche Sachen pappt. Jemand, der von großer Hektik befallen eine Fünfmark-Marke auf die Ansichtskarte pappt, ist ein Sekundenkleber.

ALPHABET
Vorbeter einer religiösen Gruppe.

AMBOSS
Der Bodyguard einer Führungskraft, die immer auf Manndeckung bedacht ist. Gelegentlich ist es auch die Sekretärin, die sich quasi «am Boss» zu schaffen macht. Erstklassige Gelegenheiten dafür bieten Betriebsausflug, Weihnachtsfeier und die Zeit von 9 bis 18 Uhr.

AMEISE
a) Erstklassiger Spleen, Qualitätstmacke, Vogel ungewöhnlicher Güte.
Ein Mensch, der sich seit Jahren für einen Vegetarier hält, weil er ausschließlich Fleisch von solchen Tieren isst, die sich von Pflanzen ernähren, hat eine Ameise.
Im Gegensatz zu B- und C-Meise ein heimischer Singvogel erstklassiger Qualität. Allerdings steht C-Meise auch für eine Sopranistin, die das zweigestrichene C beherrscht. Dieses finden wir im Takt 24 von Richard Wagners «Meisenring der Nibelungen».

AMPEL
Kreuzung aus Amsel und Pelikan. Es bleibt abzuwarten, ob sich ein 50 Gramm schwerer Vogel mit einem 2 Kilo schweren Schnabel als Haustier durchsetzen wird. Als Hupfdohle wird dieser komische Vogel vermutlich keine großen Sprünge machen.

AMPELKOALITION
Der zumeist unbeabsichtige Oberflächenprimärkontakt eines sehr schnellen Vehikels mit einer unflexibel reagierenden Leuchtsignalanlage.

ANALVERKEHR
Ein Transportereignis, das so spektakulär ist, dass es den Weg in die Annalen der Geschichte findet. So die Anreise der ägyptischen Königin Cleo-

patra, die sich eingerollt in einen Teppich zum Schäferstündchen mit Gaius Julius Caesar tragen ließ, einem der größten Teppichklopfer der Antike. (Siehe TEPPICHKLOPFER).
Ebenfalls zu den Spitzenleistungen des Analverkehrs gehört die Alpenüberquerung des Karthagers Hannibal mittels Elefanten. Das Niesen der verschnupften Dickhäuter brachte damals die alpine Urbevölkerung auf die Idee mit dem Alphorn. Die Prototypen schnitzten sie aus dem Elfenbein abgestürzter Elefanten. Ein modernes Paradebeispiel für Analverkehr stellen die Castor-Transporte dar. Der Teilbereich der Geschichtsforschung, der sich mit dem Analverkehr beschäftigt, heißt «Analogie».

ANANAS
Der Klageruf eines kleinen Kindes namens Anna, das in die Hose gemacht hat. Ähnlich verhält es sich mit «Jonas».

ANGELHAKEN
a) Ein verstecktes Problem beim Fischen. Die zwei häufigsten Angelhaken sind: 1) Ein ängstlicher Köderwurm, der sich der Zusammenarbeit vorsätzlich entziehen will, jedoch mit einer Wurmkur mental aufgepäppelt werden könnte. 2) Ein Wasserskifahrer gerät in die Leine, was Konsequenzen nach sich zieht, die vom Angler paradoxerweise als nicht mitreißend empfunden werden.
b) Der zielgerichtete Faustschlag eines Hell's Angels. Aber auch bei der rasanten Zickzackfahrt, mit der er einen Streifenwagen abhängen will, schlägt er Angelhaken.

ANGELSCHEIN
Der Eindruck, den ein Gegenstand vermittelt, er könne womöglich als Angelgerät taugen. Zum Beispiel ein Stock mit einer Schnur dran.

ANKERKETTE
Kostbarer Halsschmuck als

Geschenk, mit dem die Gespielin noch anhänglicher gemacht werden soll.

ANLAGEBETRÜGER

a) Jemand, der um Eindruck zu schinden behauptet, er besäße eine Stereoanlage, obwohl er nicht einmal einen Walkman hat.

b) Personen, die ihre genetisch bedingten Veranlagungen nicht wahr haben wollen und sie darum chronisch überflunkern. Zum Beispiel Bill Clinton, der seinen sexuellen Spieltrieb permanent herunterspielt.

ANSICHTSKARTE

Eine Land- oder Straßenkarte, über deren Qualität oder Funktionalität die Anwender verschiedener Ansicht sind. Die klassische Form der Ansichtskarte ist der sogenannte Faltplan. Zwar schaffen es die meisten von uns, einen Faltplan in weniger als zwei Stunden zusammenzufalten, doch soll es immer noch einfältige Wesen geben, die keinerlei Plan haben, wie das gehen soll. Besonders nervenaufreibende Faltpläne heißen «Platzkarten».

APFELTASCHE

a) Büstenhalter

b) Die berühmte Bergziegenledertasche, in der Wilhelm Tell den Apfel mit sich führte, den er seinem Sohn mit der Armbrust von der Birne geschossen hatte. Danach zeigte er ihn jahrelang überall herum, um mit seinen Schießkünsten zu struntzen. Dazu zwei Tatsachen: 1) Die originale Ledertasche befindet sich zusammen mit dem originalen Schrumpfapfel im Besitz eines privaten Sammlers. 2) Wilhelm Tell ist eine Legende, die ein Schreiberling namens Schiller im vorigen Jahrhundert in die Bergwelt gesetzt hat.

APFELWEIN

Ein Apfelwein ist eine Person, die sehr traurig ist, weil man ihr einen Apfel geklaut hat.

Aber auch Waltherchen, Wilhelm Tells Sohnemann, war ein Apfelwein. Er sekretierte mehre Hektoliter Freudentränen, nachdem ihm der Papa mit der Armbrust den Apfel von der Birne geballert hatte. Nun, es soll unkompliziertere Methoden zur Entfernung einer unerwünschten Kopfbedeckung geben.

ÄQUATORTAUFE
Der Festakt am Tag, als der Äquator seinen Namen bekam. Man entschied sich für Äquator, weil er eine bedeutsame Strecke durch Äquatorialafrika führt. Verworfen wurde dagegen die Namensvorschläge «Erdringling», «Großer Kreis», «Megahula», «Großgürtel» sowie «Mittelstreifen». Die Sektflasche verfehlte beim Taufakt übrigens mehrmals das Ziel.

ARBEITERKLASSE
Der ungewöhnlich elegante Lebensstil eines Werktätigen. Ein Schlosser oder Maurer, der auf seine Fritten-Rot-Weiß noch etwas Kaviat träufelt, beweist Arbeiterklasse. Das gilt selbstverständlich auch für den Kanalarbeiter, der nicht nur an hohen Werktagen, sondern auch in der wohlverdienten Blaupause einen Blaumann aus Kashmere-Wolle trägt.

ARCHIPEL
Hintern mit Sonnenbrand.

ARSCHGEIGE
Ein bratschenförmiges, einer kleinen Violine ähnelndes Streichinstrument, dessen Klang ins Flatuleszente zielt – und trifft.

ARSCHKRIECHER
Ein Dackel, der Würmer hat.

ASCHENPUTTEL
Der leicht trottelig und tuntig wirkende Jüngling, dem im Nachtcafé die periodische Leerung der Aschenbecher obliegt.

ASPIRANT
Ein Schnorrer mit Brummschädel, der fest darauf baut, dass ihm schon irgendwer eine Kopfschmerztablette spendieren wird.

ATOLL
Freudiger Ausruf eines Schiffbrüchigen, der nach schlauchenden Stunden im Schlauchboot endlich eine rettende Insel erblickt. Handelt es sich beim Schiffbrüchigen um einen Münchner und bei Insel nicht um eine Insel, sondern um die dreieckige Rückenflosse eines großen Fisches, ruft er nicht «Atoll» sondern «Ahoi».

AUDIO
a) Der Gott des Schmerzes.
b) Der Klagelaut des Audi-Halters, der seinen Wagen soeben zu Schrott gefahren oder an den Tüv verloren hat. Er ist individuell verschieden, klingt aber häufig so, als versuche Franz Beckenbauer mit vollem Mund die Nationalhymne zu singen. Die Ohrenzeugen einer solchen kakophonischen Klage nennt man Auditorium.

AUGENTROPFEN
a) Veraltet für Tränen.
b) Ein Wein so edel und aromatisch, dass einem davon die Augen übergehen.

AUSPUFF
Polnische Bezeichnung für Gegenstände, die aus einem Bordell entwendet wurden. Die dort gestohlene Bettpfanne heißt folglich Auspufftopf.

AUSSCHUSS
Die allerletzte Patrone.

AUSTERNTHEKE
Im Ozean das Gegenstück zu Muschelbank.

AUTOMARDER
Ein Mensch, dessen offensiven Körpergeruch wir erst dann wahrnehmen, wenn er im Auto neben uns sitzt und schwitzt. Erstaunlicherweise

sind es häufig Jaguarfahrer, die riechen wie ein Puma.

AUTOWÄSCHE
Speziell für den Einsatz im Straßenverkehr gedachte, nützliche Dessous. Zum Beispiel Nylons, die im Bedarfsfall als Keilriemenersatz Verwendung finden können oder Gesichtshauben aus Lackleder zur Vermummung des Rasers, der sich dem fotografischen Gedächtnis der Radarfalle entziehen möchte.

AZTEKEN
Jägersprache für jede Art von Tresen, auf denen Atzung (= Futter) steht. Handelt es sich um Tresen mit lobenswert reichlichen, warmen und wohlschmeckenden Speisen, spricht der Waidmann lobend von «Tolteken».

DAS B

Das B ist der zweite Buchstaben des deutschen Alphabets. Er entspricht dem griechischen Beta und begegnet uns in der Tonleiter und am Heck belgischer Autofahrer. Klanglich hat es bei weitem nicht so viel auf der Pfanne wie sein Vorgänger, das A. Das B ist nicht für den phonetischen Alleingang geboren. Ein Schicksal, das es mit anderen Konsonanten führt. Das solitäre B begegnet uns fast nur bei einem Stotterer, der Butter, Bockwurst oder Balkankonflikt sagen möchte, aber dabei einfach nicht in die Gänge kommt. Das Solo-B kann ebenfalls auftauchen, wenn jemand in einem Schneetreiben heftig bibbert, doch leider erfriert, bevor das «rrrrrr» anrollen kann.

Das B ist ein äußerst geselliges und treues Kerlchen, das sich gerne an ein E klammert, auch wenn es das häufig gar nicht nötig hätte. Viele b-deutende Werk der Weltliteratur b-ginnen mit einem B: Ben Hur, Bürgerliches Trauerspiel und Benjamin Blümchen.
Das trifft auch auf etliche b-kannte Lieder b-ziehungsweise Schlager zu: Bei mir bist Du schön, Brüder zur Sonne, zur Freiheit, sowie Bye, bye Miss American Pie.
Auch die Wörter auf den nächsten Seiten b-ginnen mit dem Buchstaben B – mögen Sie Ihnen, liebes Lesewesen, Freude und Erkenntnis bereiten!

BACHSTELZE
a) Eine angetrunkene oder sonstwie partiell narkotisierte Klassikliebhaberin, die im Zuschauerraum des Konzertsaals spontan versucht, zu den Klängen des Brandenburgischen Konzertes eine Samba zu tanzen.
b) Eine langbeinige und wasserscheue Dame bei der Überquerung eines flachen, fließenden Gewässers.

BACKENKNOCHEN
Der Kauknochen des Hundes, der die Lefzen des Trägerhundes rechts und links um einiges überragt.

BACKENZAHN
Die Geschwindigkeit, zu der ein Backenhörnchen fähig ist, wenn man es nur mit dem richtigen Nüsschen ködert. Sinnverwandt mit dem Wort Löwenzahn: weil sich der Tierfilmer aufs Fahrrad schwang, legte der Löwe einen Löwenzahn zu.

BACKFORM
Die körperliche Verfassung von Bäckern und Konditoren.

BACKSCHISCH
Beliebtes arabisches Haschgebäck, das doppelt gebacken auch als Zwiebackschisch gehandelt wird. Im berühmten Buch der Poeme des Dichters Nikolas von Göbel begegnet uns dazu ein passender Zweizeiler: Es hält das gute Backschisch sich länger frisch als Backfisch.

BADEN-BADEN
Wohlmeinender Ratschlag des Hausarztes der Kelly-Familie, wenn es mal wieder soweit ist. Das ist dann der Fall, wenn der größte Teil der Familie Irish Moos angesetzt hat.

BAGDAD
Arabisches Lehnwort. Befehl des Bäckermeisters an den Lehrling, die Platte mit dem Brotteig unverzüglich in den Backofen zu schieben.

BALDRIAN
Ein Mensch mit apathischem Naturell. Ein Baldrian unter Enzian wird häufig zum Schlendrian.

BALLSAAL
Die Halle beim Hallenfuß- oder beim Hallenhandball.

BAMBERG
Das fränkische Wort für einen aktiven Vulkan.

BAMBUS
Exotisches Nahverkehrsmittel.

BANANENSTECKER
a) Offizielles DDR-Amtsdeutsch für Gurkentruppe.
b) Anwender von Bio-Dildos.
c) Der meist verdeckt arbeitende Informant, der in einer Bananenrepublik anderen steckt, was Sache ist.

BANDENWERBUNG
Illegaler Versuch krimineller Organisationen ihren Personalbestand durch Öffentlichkeitsarbeit aufzustocken.

BANJO
Medizinischer Fachbegriff für eine Wucherung im Kniebereich von Leuten, die gerade aus Alabama kommen.

BARBAR
Eine Bar, in der barbusige Barfrauen für den Umsatz sorgen. Auch für eine gastronomische Einrichtung mit Tabledance. Tabledance ist eine Art Tischtennis mit nur einer Spielerin, die dafür aber zwei Bälle kreisen lässt.

BARHOCKER
Ein chronischer Geizhals, der auf seiner Kohle hockt, als wolle er sie ausbrüten.
Ein Mensch, der die Mark zweimal umdreht, bevor er sie nicht ausgibt. Psychologen nennen diese Abnormalie DDS (= Dagobert-Duck-Syndrom).

BARZAHLER
Der Gast in einer Oben-Ohne-Bar, welcher der barbusigen Bedienung das Trinkgeld direkt ans Herz legt bzw. steckt.

BASLER
Fußballer-Slang für eine spontane Zigarettenpause während des laufenden Spiels.

BASTROCK
Eine auf die Insel Hawai beschränkte Spielart der Popmusik.

BAUCHREDNER
Ein Mensch nach dem Genuss von zuviel Brokkoli oder Zwiebelsuppe.

BAUERNREGEL
a) Die Schachregel, die besagt, dass die erste Figur beim Eröffnungszug ein weißer Bauer zu sein hat. Laut Springer-Presse kann es aber auch ein weißes Pferd sein.
b) Die Menstruation der adulten Agrarökonomin

BECARELL
Physikalische Maßeinheit für das Strahlen holländischer TV-Moderatoren.

BECKMANN
Ein spezieller Flachmann für Becks-Bier.

BERBERITZE
Die Körperstelle des Saharanomaden, an bzw. in der sich der meiste Sand anzusammeln pflegt.

BERMUDADREIECK
Das, was bei einer soeben dem Ozean entsteigenden Badenixe an Vorderseite ihrer Bermudashorts durchschimmert.

BERNHARDINER
Religiöse Ordensgemeinschaft mit Stammtisch in der Schweiz. Angehörige des Ordens erkennen wir an ihren charakteristischen braun-weiß gefleckten Kutten, den roten Augen und dem Rosenkranz mit Steuernummer um den

Hals. Ebenfalls um den Hals tragen sie ein Fässchen aus Holz. Es enthält Scheckkarte, Flachmann und Spuren von Weihrauch.

BERUHIGUNGSSPRITZE
Der Schlauch, den die freiwillige Feuerwehr aus psychologischen Gründen auch dann noch einsetzt, wenn die Bude schon zu 90% abgefackelt ist. Um dem Bewohner zu demonstrieren, dass man mit Feuereifer bei der Sache ist.

BETONMISCHER
Der sturköpfige Kartenspieler, der beim Mischen der Karten gnaden- und zeitlose Gründlichkeit walten lässt.

BETTGENOSSE
Kommunist, der den Wahltag verpennt.

BIENENSCHWARM
Die hormonell gesteuerte Vorliebe eines Bienenbocks für eine flotte Bienenstute.
Der Bienenbock, von dem eine Biene träumt. Können Sie nicht zusammen kommen, weil sie ihm beispielsweise vorher einen Bienenkorb verpasst, versetzt es ihm einen schweren Bienenstich.

BILDSCHIRMSCHONER
Ein Schiff, das man vom Fernsehen her kennt: das Traumschiff, die Bounty, die Titanic, die African Queen. Wenn Serie oder Film allerdings durch eher seichtes Wasser pflügen, spricht man vom sogenannten «Knieschoner».

BETTHUPFERL
Bayerisch für einen Fluss, der aufgrund von Hochwasser über die Ufer tritt.

BEZIEHUNGSKRISE
Die atmosphärische Spannung zwischen Hotelmanager und Stubenmädchen, das wiederholt vergaß, die Bettwäsche zu wechseln.

BEZIEHUNGSWEISE
Eine Ballade, ein Chanson oder ein Schlager, deren bzw. dessen Text die Partnerschaft als solche thematisiert. Zum Beispiel die Freundschaft eines Abbruchspezialisten zu seinem Presslufthammer («Marmor, Stein und Eisen bricht»). Oder die Liebe eines Dentisten zu seinem Bohrer («Über sieben Brücken musst Du geh'n»). Aber auch das melancholische Moment des Loslassens des Geliebten gehört dazu («Ich find Dich Scheiße!»).

BILDUNGSHUNGER
Der kollektive Appetit einer Kantinenschlange, der sich permanent steigert, weil es vorne an der Kasse nicht weitergeht, weil irgend einer der diensthabenden Betriebstrottel seit einem Vierteljahrhundert nach seinen Essensmarken fahndet.

BIMMELBAHN
Fahrradweg.

BINSENWEISHEIT
Zum Beispiel, dass der kleine Moses echtes Glück hatte, weil er nach seiner Aussetzung von einer Königin adoptiert wurde. Und weil er auch insgesamt ganz gut mit Gott klarkam.

BIOLEK
a) Öko-Lutscher
b) Loch im Gesundheitsschuh.
c) Inkontinenz eines TV-Moderators

BISON
Englisches Lehnwort für einen Stammhalter, der sich beiden Geschlechtern gegenüber sehr aufgeschlossen zeigt.

BISSFEST
Eine Party mit hohem Vampir-Beteiligung.

BLASEBALG
a) Das schottische Kind, das aufgrund übermenschlicher Tapferkeit – oder wegen imenser Taubheit – das Dudelsackspielen erlernt.

b) Dagegen meint man in den Vereinigten Staaten damit einen jungen Weltbürger, der zum Revolver greift, um entweder seinen ungeliebten Mathelehrer die Lichter umzupusten oder um die tatsächliche Anzahl der Klassenschüler dem vom Erziehungsministerium vorgegebenen Schnitt näherzubringen.
c) Nonaduleszenter Dudelsackvirtuose.

BLATTSCHUSS
Wenn das Blöp den Blattpinat genau in der Mitte trifft.

BLAUMANN
Handwerker, der sich gerade seine Arbeit schön trinkt, um danach eine gemütliche Blaupause zu machen.

BLAUSCHIMMEL
Das Pferd, das erst nachdem es ordentlich abgefüllt worden war dazu zu bewegen gewesen ist, in den drei Pipi-Langstrumpf-Filmen den «kleinen Onkel» zu geben.

BLAUSIEGEL
Ein Schlagerkomponist mit starker Schlagseite.

BLEIKRISTALL
Die kugelsichere Panzerglasscheibe am Bankschalter.

BLICKDICHT
Das auf der Strumpfverpackung abgedruckte Wort, das den Bankräuber, der es übersieht, im Bankgebäude in einen Blindgänger verwandelt.

BLINDDARM
Ein französischer Polizist, der etwas wichtiges übersehen hat. Dagegen ist der Polizist, dessen Vater und Urgroßvater bereits diesen ehrenvollen Beruf ausübten und der den Job im Blut hat, ein Gendarm. Der Dickdarm kassiert fette Schmiergelder. Hat er überall seine Finger drin, handelt es sich um den berüchtigten Zwölffingerdarm. Leidet ein Polizist an Magersucht, haben wir es mit einem Dünndarm zu tun.

BLOCKFLÖTE
Ein Versager, eine Dumpfbacke, Niete oder Pfeife, die den gesamten Häuserblock erheitert.

BLOODY MARY
Eine Dame mit Cocktailkleid, die mies drauf ist, weil sie ihre Tage hat.

BLÜMCHENSEX
Was Bienen so treiben. Im Gegensatz zum Imkersex verzichten die Bienen allerdings dabei auf den Einsatz ihrer Stachel.

BLUMENKÜBEL
Ein angetrunkener Partygast, der dem Gastgeber in die Pekingvase göbelt. Pech, wenn es sich beim Blumenkübel um den Chef, peinlich wenn es sich bei ihm um den eigenen Ehemann handelt. Notorische Blumenkübel werden im Verlauf ihrer Karriere immer seltener eingeladen.

BLUTPROBE
Der erste offizielle Biss des jungen Vampirs im Rahmen einer Familienfeier. Die Blutprobe stellt einen wichtigen Tag bzw. eine wichtige Nacht im Leben bzw. Nichtleben des jungen Untoten dar. Sie entspricht in etwa der Kommunion der Katholiken, der Konfirmation der Protestanten, der Bar Mizwa der Juden und dem ersten Tofuburger des jungen Buddhisten.

BOCKBIER
a) Der soeben inhalierte Schluck Bier, der keine Lust hat geschluckt zu werden und in einer Null-Bock-Stimmung mit seiner Verweigerungshaltung eine antiperistaltische Bewegung der Speiseröhre auslöst.
b) Das imaginäre, ferne, illusorische Bier, nach dem der Wüstenwanderer schmachtet. Also praktisch jedes Bier.

BOCKSPINGEN
Auch «Bocksprung». Durch starken Starkbierkonsum verursachte Hüpfbewegungen des ehrlich feiernden Landmannes.

BODENHALTUNG
Das betont würdevolle Verhalten, das der Boxsportler an den Tag legt, obwohl es ihn soeben umgehauen hat. Paradebeispiele für exzellente Bodenhaltung sind Sprüche wie «einer geht noch, einer geht noch rein» oder «tausendmal berührt, tausendmal ist nichts passiert». Henry Maske, der Mr. Knigge des Boxports, gilt als der Wegbereiter kultivierter Bodenhaltung.

BODENSATZ
Die sich in einem Teller mit Buchstabensuppe am Boden sammelnden Nudeln. Selten die Tage, an denen dieser Satz in einem ernst zu nehmenden Sinnzusammenhang steht.

BODENSEE
a) Ein stehendes Gewässer, dessen Wasser so klar ist, dass man mit bloßem Auge bis auf den Grund blicken kann.
b) Der dem Seemannsruf «Land in Sicht» entsprechende Freudenschrei des Tiefseetauchers.

BOGENLAMPE
Eine Lichtquelle, deren Designer es dermaßen vergeigt hat, dass man aus ästhetischen Gründen am besten einen großen Bogen um sie macht.

BOHRTURM
a) Ein groß gewachsener Herr, der in der Hotelbar trotz mehrerer abwegiger Bescheide bei der Dame seines hormonellen Interesses einfach nicht mehr locker lassen will. Bekundet sie ihr Desinteresse, indem sie ihm einen Sandwich ins verdutzte Antlitz drückt, kassiert er einen sogenannten Brotkorb, kippt sie ihm hingegen ihren Früchte-Cocktail über den Latz, handelt es sich um einen Obstkorb. Besonders hervorragende Bohrtürme sind: Heino, Franz Beckenbauer und Dieter Bohlen.
b) Ein großer und sehr schlanker Zahnarzt.

BONDUELL
Französisches Lehnwort für einen Zweikampf mit gutem oder zumindest unentschiedenem Ausgang. In Frankreich populäre Formen des Zweikampfes sind: Baguett-Fechten im Supermarkt, Gauloise-Kettenrauchen in der Metro und «Vive-la-France-Rufen» während der Kopulation.

BORDSTEINSCHWALBE
Ein Zugvogel, der bei schlechtem Wetter so tief fliegt, dass er potzblitz gegen die Bordsteinkante kachelt.

BORKENKÄFER
Ein Volkswagen, den es volle Möhre in einen Baum gehauen hat.

BÖRSENGANG
Ein Hausflur, in dem man häufiger Brieftaschen findet als sonstwo.

BÖRSENKRACH
Die Gesamtheit akustischer Absonderungen der sich bis an die Grenzen eines Herzinfarktes hin kreischender Börsianer zur Hauptgeschäftszeit. Börsianer benötigen deshalb in der Regel mit 30 ein Hörgerät, mit 40 einen Herzschrittmacher und mit 50 acht stämmige Männer, die die Holzkiste tragen.

BÖRSENKURS
Die Bewegungsrichtung einer Brieftasche, die man beispielsweise auf dem Eifelturm fallen lässt.

BÖRSIANER
Der Pelzmantel, den sich eine Frau von einem Aktiengewinn zulegt.

BOTANIK
Schläfchen im Grünen.

BOWLING
a) Ein rücksichtsloser Mensch, der sich seinen Weg durchs Leben mit beiden Ellenbogen bahnt.

b) Ein Mensch, der sich unter dem Eindruck eines Witzes vor Lachen kugelt.
c) Die Fortbewegungsart eines Menschen nach 5 Litern Waldmeisterbowle.

BOXENSTOPP
Ausfall der Lautsprecher durch technisches K.O.

BRANDUNG
Die Kacke, die so was von am dampfen ist.

BRÄTLING
Auch «Schmorbraten». Ein Prüfling, der nach absolvierter Prüfung den Prüfungsergebnissen entgegenzittert.

BRATHERING
Von engl. to gather (= sich versammeln) und engl. brother (=Bruder); das Meeting einer Gruppe von Menschen, die sich gemeinsam Big Brother im Fernsehen anschauen.

BRATSPIESS
Landsersprache für einen Feldwebel, der seinen Rekruten bei der Grundausbildung ordentlich Feuer unterm Hintern macht.

BRATWURSTSTAND
Der Stand der Dinge beim Grillfest oder beim Kinderfest im Bundeskanzleramt die Anzahl der noch verbleibenden Bratwürste betreffend. Seit der dicke Onkel Helmut nicht mehr da ist, bleiben erstaunlich viele Würste für die Kinder übrig.

BRAUNKOHLE
a) Tausendmarkschein.
b) Tarif im Solarstudio.

BRAUTKRANZ
Auf der Party, in der Disko oder auf dem Schützenfest der Kreis paarungswilliger Männer, der sich um eine attraktive Frau bildet. Stehen die Herren bereits unter dem Einfluss alkoholhaltiger Erfrischungsge-

tränke, bilden sie ein «Cordon bleu».

BRECHMITTEL
Sammelbegriff für Haushaltsgeräte, die speziell dazu konstruiert sind, harte Gegenstände aus ihrem molekularen Zusammenhang zu bringen. Populäre Brechmittel sind Nussknacker und Knoblauchpresse.

BREITENSPORT
Einerseits Bewegungstherapie für Pummel, andererseits Sportarten, die man auch im Zustand des Breitseins praktizieren kann: Schwimmen – man hat es nicht weit zur Toilette, Schießen – man kann besser über Kimme und ganz viel Korn zielen, Billard – auch nach zwanzig Bier bleibt alles im Grünen Bereich.

BREITMAULFROSCH
Die von einem Fahrzeug komplett geplättete Amphibie.

BRETTSPIELE
Sammelbegriff für solche Spiele, bei denen zwei mit Planken, Latten oder Keulen ausgestattete Mannschaften aufeinander zugehen. Beim Brettspiel wird der Kopf nicht selten erheblich strapaziert. Im Fall einer Platzwunde oder Beule legt man einen Sportverband an.

BRIEFTAUBE
a) Eine Vogelart, die aufgrund gezielter Züchtung oder unter Verwendung eines Bügeleisens eine Form erhält, die es ermöglicht, das Tier fast mühelos in einen Briefumschlag zu stecken. Etwaige Restdellungen werden später im Postamt bei Abstempeln nivelliert.
b) Gehörlose Postangestellte.

BRIKETT
Der Parkettboden, welcher großzügig mit französischem Weichkäse verschmiert ist.

BRILLENSCHLANGE
Starker Andrang im Wartezimmer eines Augenarztes

BRÖTCHENGEBER
Bei Kartenabend der Heimspieler, der für die Stullen sorgt.

BROTKASTEN
Die Gesellschaftsschicht in Indien, die traditionell die Zunft der Fladenbäcker stellt.

BROTMESSER
In französischen Bäckereien staatlich eingesetzte Fachkraft zur Überprüfung der gesetzlich vorgeschriebenen Länge der Baguettes. Wegen dieser strengen Normierung nennt man das Baguette auch Stangenbrot, ein Brot, das quasi von der Stange kommt.

BRUCHRECHNEN
Die Wahrscheinlichkeit einer Fraktur, mit der ein Skisportler stets rechnen sollte.

BRUMMKREISEL
Orientierungsloser Grizzly.

BUCHBINDER
Eine Stoffkrawatte, die auch als Lesezeichen verwendet werden kann.

BUCKELWAL
Mittelgebirgsbewohner, der andauernd im Tran ist.

BÜCKLING
Ein auffallend schmächtiger Stricher.

BUDDELSCHIFF
Ein Wasserfahrzeug, das von seinem Steuermann derartig heftig auf eine Sandbank gesetzt wurde, dass die Mannschaft es mühsam freischaufeln muss.

BULLSHIT
Das von staatlichen Ordnungshütern konfiszierte Marihuana.

BUMERANG
Mannschaftsdienstgrad in der australischen Arme. Ursprüng-

lich ein Orden in der Form einer kleinen, flachen Banane als besondere Auszeichnung für einen Armeescout, der regelmäßig aus dem zurück zur Kaserne fand.

BUMMELSTREIK
Rigorose Weigerung des Mannes, seine Partnerin beim Shopping zu begleiten.

BUMMELZUG
Affektiertes, langsames Inhalieren eines Rauchers, der zeigen will, wie cool er ist.

BUNTSPECHT
Ein Buntspecht ist ein Schluckspecht, der ohne Rücksicht auf Verluste alles munter durcheinander pichelt, was ihm vor die Leber kommt; ein Alkoholanwender, der sich seinen Cocktail im Magen mixt.

BÜRGERLICHE KÜCHE
Besteht in der Regel aus Herd, Spülmaschine, Waschbecken, Tisch und Stühlen. Handelt es sich um Neuanschaffungen, spricht man von «novelle cusine» (auch wenn die Raten noch laufen).

BURGSCHAUSPIELERIN
Film-, Fernseh- und Bühnensprache für eine heftig umflirtete Mimin, die als uneinnehmbar gilt. Das Gegenteil einer Burgschauspielerin nennt man Veronica Ferres, Marie-Luise Marjan oder Anke Engelke.

BÜROKLAMMER
Eine Bürokraft, die der gesamten Kollegenschaft mit ihrer exzessiven Anhänglichkeit auf die Nüsse geht. Oftmals verbünden sich die Opfer zu einem «Klettverschluss», um den Störfaktor auszuschließen.

BUSCHFEUER
Häufig das von Filzläusen verursachte lästige Brennen im Schritt. Noch öfter aber ist der Ausloser die «Zigarette danach».

BUSCHTROMMEL

Eine runde Schachtel mit Deckel aus Pappe oder Blech zur Aufbewahrung des Schamhaartoupets.

BUSENSTAR

Ähnlich wie Mopsmöwe und Tittentaube verfügt der Busenstar im Brustgefieder über zwei rosafarbene, mittig rot gepunktete Flecken, die irgendwie so aussehen als ob. Domestizierte Exemplare dieser Gattung reagieren fast immer auf den Zuruf: «Husch, husch ins Körbchen!»

BÜSTENHALTER

Der Sockel im Museum, auf dem die antiken Skulpturen stehen.

BUTTERBLUME

a) Das Odör der Butter.

b) Das Veilchen, das demjenigen Blüht, der auf einem Stück Butter ausrutscht, in Butterfahrt kommt und mit etwas Massivem kollidiert.

DAS C

Das C ist der dritte Buchstabe dieses, unseren Alphabetes. Bereits den Römern als K-Ersatz und als Zahlwort für die Fünfzig treue Dienste leistend, haben nur wenige Buchstaben die Phantasie des Abkürzungswilligen so stark beflügelt wie das C. Obwohl krumm an Gestalt steht es gerade wie eine Eins für Celsius, Centrum, Celle und Kuba und natürlich für das prominenteste aller Vitamine. Im Doppelpack, nämlich als CC, treibt es sich im konsularischen Handgepäck in der Weltgeschichte herum und als hohes C entfleucht es der Sopranistin oder schmeißt sich aufs Etikett der Orangensaftflasche. Saftige Meinungsverschiedenheiten gibt es gelegentlich wegen sei-

ner Aussprache. Ganz im Gegensatz zum Gros der Deutsch-Anwender, die «Schina» und «Schemie» sagen, sprechen es unsere Schwestern und Brüdern in den alpinen Bundesländern «Kina» und «Kemie» aus. Es sei ihnen von Herzen gegönnt. Solange wir bei Wörtern wie Charakter, Christstollen und Chamäleon einer Meinung sind, ist ja alles im grünen bzw. weiß-blauen Bereich.

CAMPINGKOCHER
Das Zelt, das im Hochsommer auf dem Campingplatz zur Mittagszeit genau in der Sonne steht. Die Fixierung des Campingkochers erfolgt mit Bratheringen.

CATCHER
a) Die grobmotorisch strukturierte Fachkraft in einer Ketchupfabrik, die mit einem Vorschlaghammer die Tomaten in einen Zustand erhöhter Viskosität überführt.
b) Ein Mann, der sich übertrieben schwungvoll Ketchup auf die Fritten haut

CATERING
Ein kleiner bayerischer Ort bei München zwischen Trudering und Wegering.

CD-BRENNER
Der Alpenpass, über den Hannibal mit seinen Elefanten zog, weil er dachte, alle Wege führen nach CD-Rom.

CHECKPOINT
Der gegen Ende des Urlaubs regelmäßig eintretende Zeitpunkt, an dem die Reisekasse bereits vakuumisiert und der Erwerb von Urlaubssouvenirs nur noch per Scheckkarte möglich ist.

CHEMISCHE KEULE
Eine Frau mit einem unglücklichen Händchen bei der Wahl und der Dosierung ihres Parfüms. Besonders in Aufzügen und überfüllten Nahverkehrsmitteln stellt sie die olfaktorische Geduld ihres Umfelds auf eine schwere Belastungsprobe.

CHINABÖLLER
Auch Chinakracher: Eruptive Darmwinde nach allzu reichlichen Verzehr von Chinakohl.

CHLOROPHYLL
Italienischer Bademeister. Seine allgemeine körperliche Verfassung ist die Chloroform.

CHRISTSTOLLEN

Die aktuelle Forschung hat ergeben, dass Jesus nicht in einem Stall, sondern in einer Höhle in der Nähe von Bethlehem geboren wurde und dass der Dresdner Christstollen eine plumpe, wenn auch delikate Fälschung ist. Auch eine Höhle in Dresden heißt so. Den Historikern, die das herausfanden, verdanken wir übrigens auch die Erkenntnis, dass Jesus entweder 3 Jahre oder 5 Jahre nach Christus geboren wurde. Schlussfolgerung: Entweder, es gab zwei Jesusse, oder aber Jesus hat sich vor Pilatus selber jünger gemacht, um mit einer Jugendstrafe davon zu kommen. Das ging zwar ziemlich daneben, aber immerhin verdanken wir der Sache ein global operierendes und florierendes Glaubensunternehmen mit rund 800 Millionen Mitgliedern, bei dem es nur eine Frage der Zeit ist, bis sie an die Börse gehen.

DAS D

Das D ist der 4. Buchstabe unseres Alphabets und entspricht dem griechischen Buchstaben Delta. Nicht nur von Bluesmusikern des Mississippi-Deltas wird es sowohl als Einzelton als auch als Tonart gern genommen. Lange vor der Epoche der CD-Rom diente es im alten Rom als Symbol für 500. Auf Autos steht das D entweder für die Light-Kultur Deutschland oder für die Stadt mit der angeblich längsten Theke der Welt (Die eine Illusion ist. Sie erscheint nur dem wirklich lang, der in der Düsseldorfer Altstadt eine Toilette sucht.)
Des weiteren finden wir diesen formschönen Buchstaben in Vitamintabletten und im Chemielabor, wo es das la-

teinische Wort «dexter» repräsentierend «optisch nach rechts drehend» meint; womit aber erfreulicherweise nicht die Farbe Braun gemeint ist.
Zu einer verblüffend hohen Konzentration des Buchstaben D kommt es beim Düsseldorfer, wenn dieser seinen Ausdruck darüber verleiht, was sich ein Kind alles herausnehmen darf:
«Dat dat dat darf».
Sollte dieses Kind jetzt umblättern wollen, um sich einige interessante D-Wörter reinzuziehen, können wir nur sagen: «Ja, dat darf dat!»

DACHLATTE
Das meist gedoppelt auftretende anatomische Phänomen, wenn es in schwindelnder Höhe zwischen zwei Männern funkt. Zum Beispiel zwischen Dachdecker und Schornsteinfeger oder zwischen Freeclimber und Weihnachtsmann oder zwischen Reinhold Messner und einem Yeti.

DAMENSCHLÜPFER
a) Volkstümliches Synonym für einen Casanova: ein Mann, der gerne zu Frauen unter die Bettdecke schlüpft. Menschen angloamerikanischen Zungenschlages sprechen von einem «Slipper».
b) Eine dem Frauenmund entglittene, gelegentlich sogar gut überlegte Anmerkung zum Thema Mann. Hier eine kleine Auswahl:
«Männer helfen Frauen lieber in den Mantel als in eine interessante Stellung.» (Carmen Thomas, deutsche Journalistin und Moderatorin)
«Jeder Mann ist so gut, wie ihn seine Frau macht.» (Teresa Orlowski, polnische Bodenturnerin)
«Männer können einem schon manchmal leid tun. Es gibt viele Situationen, in denen ihnen das Blut aus dem Kopf zwischen die Beine schießt. (Ute Willing, deutsche Berufsschauspielerin)
Man kann einem Mann nichts abgewöhnen. Aber man kann ihm angewöhnen, dass er sich etwas abgewöhnt.» (Catherine Deneuve, Berufsfranzösin und Edel-Mimin)
«Wenn eine Frau hinter ihrem Mann steht, dann hat das oft auch was damit zu tun, dass sie nicht mit ihm zusammen gesehen werden will.» (Biggi Ostermann, Berufspädagogin)
«Falls Sie etwas erklärt haben möchten, fragen Sie einen Mann. Falls Sie etwas erledigt haben möchten, fragen Sie eine Frau.» (Margaret Thatcher, ehemalige Berufspremierministerin von Großbritannien)

DAMENSCHNEIDER
Schönheitschirurg.

DAMPFWALZE
Eine bemerkenswert füllige Frau, die sich in der überfüllten Sauna einen Sitz- bzw. Schwitzplatz derart temperamentvoll erkämpft, dass den Betrachter beträchtliche Zweifel am physikalischen Gesetz der Massenträgheit befallen.

DARMWINDE
Eine in Pforzheim erfundene Spezialkurbel zum Weiterspulen der Klopapierrolle.

DATTELPALME
Die Antwort des Ruhrgebiets auf die Bergheimpalme.

DAUERWELLE
Die regelmäßige, dauerhafte konkav-konvex gestaltete Materialstruktur von Wellpappe oder Wellblech. Auch eine Laolawelle, die länger als eine Halbzeit dauert, nennt man Dauerwelle.

DECKHENGST
Das kostbare Reittier des Deckoffiziers. Ein ausgezeichnete Investition, denn gedeckt wird immer.

DECODER
Französisches Schimpfwort für «Scheißer».

DELIKATESSE
Die attraktive Politesse in Indiens größter Metropole.

DELPHIN
Das japanische Wort für Thunfisch.

DEOROLLER
Altphilologisches Scherzwort für das Mofa eines Jesuiten oder für das Papamobil.

DIABETIKER
Jemand, der beim Besuch von Lichtbildervorträgen in religiöse Verzückung gerät.

DIDDLMAUS
Spezielle Computermaus

zum Diddeln und zum Daddeln.

DIEBSTAHL
Das Metall, aus dem Zellengitter bestehen.

DIRNDL
Das Ergebnis des fehlgeschlagenen Gen-Versuchs, bei dem eine Straßendirne mit einem Hendl gekreuzt wurde. Das Ergebnis war erfreulich knusprig, doch leider viel zu flatterhaft.

DISKETTE
Halsschmuck, der zu einer partnerschaftlichen Verstimmung führt. Das sündhaft teure Diamantencollier für die Freundin wird zur Diskette, wenn die Gattin des Schenkenden dahinterkommt.

DISKUSFISCH
Fischsorte, deren aerodynamische Qualitäten bereits von den Leichtathleten der Antike hoch geschätzt wurden. Die Historiker sind sich noch immer nicht darüber einig, ob es sich bei diesem Fisch um eine Scholle oder Flunder handelte und ob er frisch oder getrocknet geschleudert wurde.

DISTANZ
a) Ein Tanz, bei dem die Begleitmusik in der Tonart Dis-Dur gehalten ist.
b) Den Abstand, den man beim Tango einhält, weil der Tanzpartner Mundgeruch hat.

DIXIKLO
a) Scherzwort des Jazz-Musikers für das Sousaphon oder die Tuba.
b) Eine Kneipentoilette im Jazz-Club.

DOLLMETSCHER
Heftig turnierender Tennis-Profi.

DOMÄNE
Die Frisur der Domina.

DONNERBALKEN
Der verkohlte Rest eines Bau-

mes, in den der Blitz eingeschlagen hat.

DOPPELADLER
Alte russische Mengenangabe für vier halbe Grillhühnchen.

DOPPELDECKER
a) Ein Dachdeckermeister, der es hundertprozentig übertreibt.
b) Ein Zuchthengst, der es hundertprozentig übertreibt.

DOPPELKORN
Visierhilfe bei der Doppelbüchse des Jägers.

DORFTROTTEL
Der behäbige, schlurfende, nicht so recht in Gang kommen wollende, kollektive sonntägliche Verdauungsspaziergang der schwer von Eisbein und Sauerbraten gezeichneten Landbewohnerschaft.

DORTMUND
Die liebevolle Ermahnung einer Mutter an das Kind, das Milupa doch gefälligst mit der dafür vorgesehenen, natürlichen Futterluke aufzunehmen.

DOSENSUPPE
Suppe oder Bouillon, die so rigoros gegen den internationalen Geschmackscodex verstößt, dass sie bestenfalls in homöopathischen Dosen als Abführmittel gereicht werden sollte.

DRAHTESEL
Ein Sportler, der nur ein Ziel vor Augen hat: durchtrainiert zu bleiben.

DREAMBOY
Zur Zeit der Mauer die sächsische Umschreibung für einen jungen Republikflüchtling, also für einen Jungen, der erfolgreich «nach dream» rübergemacht hat. Verständlich, dass die Sachsen damals über solche Gedanken ins Träumen kamen.

DREHORGEL
Mechanisch oder elektrisch betriebenes Tasteninstrument, das sich durch einfaches Wen-

den in irgend etwas anderes, zum Beispiel in eine Stalinorgel oder in eine Maulorgel verwandeln lässt.

DREHTÜR
Eine Tür, die klemmt und nur zu öffnen ist, wenn man den Dreh raus hat. Hat man den nicht raus, kommt man schnell ins Rotieren.

DREIKORNBROT
Sehr, sehr, sehr, sehr, sehr kleines Brot, dessen auffällige Kleinheit auf den sparsamen Materialeinsatz zurückzuführen ist.

DRESCHFLEGEL
Affektlabiler Jüngling mit hohem Aggressionspotential und niedriger Hemmschwelle.

DROSSELBART
Alter Sack, der mit Witzen, deren Haltbarkeitsdatum längst abgelaufen ist, den anderen Partygästen die Partylaune erstickt.

DRÜCKERKOLONNE
Die ganz offensichtlich unter starkem Druck stehende Warteschlange vor einer öffentlichen Toilette.

DRUCKERZEUGNISSE
Sachen, die unter extremen Drücken entstehen: Presstorf, Diamanten, Magengeschwüre. In vielen Ländern können auch Geständnisse Druckerzeugnisse sein.

DUDELSACKKAPELLE
Ein kleines schottisches Gotteshaus, bei dem man aus ökonomischen Gründen auf die Anschaffung einer kostspieligen Orgel verzichtet.

DUMDUM-GESCHOSS
Ein Blondine, die viel zu schnell fährt.

DÜNNPFIFF
Nicht nur Schiedsrichter fürchten dieses akustische Phänomen, wenn ihre Trillerpfeife im entscheidenden Moment ver-

sagt, auch dem konzertierenden Blockflötenspieler schießt der Angstschweiß aus den Poren, wenn er nur an dieses Wort denkt.

DUNSTGLOCKE
Schiffsglocke bei Nebel.

DURCHLAUFERHITZER
Kinder, die durch unbefangenes Laufenlassen die Wassertemperatur des Kinderschwimmbeckens nach und nach auf Körpertemperatur bringen.

DURCHZUG
Ein Zug, dessen Bremswegbemessung zu Ungunsten des Kopfbahnhofs ausfallen wird. Entgleist der Zug, sprechen wir von einem «Umzug», wird der Zug wieder auf die Schienen gestellt, von einem Aufzug. Ein «Anzug» ist ein Bummelzug, der an jeder Frittenbude anhält, ein Lungenzug dagegen ein schlecht geheizter Zug mit offenen Fenstern, also ein Zug, in dem man sich eine Lungenentzündung holt. Auch ein Zugverband, der nur Raucherabteile mit sich führt, ist ein Lungenzug.

DÜSENJÄGER
Ein Waidmann, der das Wild vom Flugzeug aus anspricht.

DAS E

Das E ist der 5. Spross der ABC-Sippschaft und ein Kerl für alle Fälle, ohne den nichts läuft.
Stlln Si sich inmal vor, disr Buchstab würd sich von inem Augnblick zum andrn infach vom Ackr machen. Da hätt die Sprachwlt doch in chts Problm.
Ein prominentes Vitamin wäre plötzlich anonym, eine urbane Ruhrgebietsperle müsste sich nach einem neuen Kfz-Kennzeichen umsehen und dem armen Nocturne in e-moll von Frederic Chopin bliebe plötzlich nur noch das Moll – klingt doch traurig.
Aber es käme noch schlimmer. Führen Sie sich bloß das infernalische Krachen vor Ohren, verursacht von Hun-

dertausenden von Scrabblespielern, die aus Verzweiflung über den unfassbaren Verlust ins nächstbeste Russisch Brot beißen: eine Explosion, als ob 1000 Donnerbalken auf einmresa der Vokale, die um eines ihrer Kinder trauert. Es ist anal brächen. Und wer danach überhaupt noch hören könnte, der vernähme ein feines silbriges E-Wehklagen. Das E-Wehklagen von Maren Gilser, der Florence Nightingale der Konsonannten, der Mutter Theresa der Vokale, die um eines ihrer Kinder trauert.

Es ist anzunehmen, dass Sie, liebes Lswsn, jetzt hinreichend sensitiviert sind, um die folgenden Wörter mit E wirklich wertschätzen zu können.

ECKSTOSS
Quicky.

EDELWEISS
Ein gebildeter Adeliger.

EDELZWICKER
a) Eine seltene und sehr temperamentvolle Hummergattung. Für den Schutz dieser exotischen Art setzt sich vor allem die Welthummerhilfe ein.
b) Jemand, der den Kniff raus hat, ein Spezialist sozusagen
c) Ein Gentleman alter Schule, der sich noch auf die Kunst versteht, willkürlich selektierten Damen formvollendet in den Hintern zu kneifen. Die Frau von Stand reagiert auf einen solchen Präzisionskniff mit einem geheuchelten «Zwickau», die Frau von Welt dagegen semmelt dem Kneifer eine rein. Beide Methoden haben ihren Reiz. Berühmte Edelzwicker der Geschichte waren Don Carlos, Casanova, Heinrich der Achte und Napoleon III.

EHRENRUNDE
Eine übertrieben auf Tugenhaftigkeit pochende Matrone.

EIDGENOSSE
Ein Zeuge, der vor Gericht exakt das selbe schwört wie ein zweiter Zeuge. Der Jurist bezeichnet die beiden, wenn sie die Wahrheit schwören, als eineidige Zwillinge. Lügen sie, so sind sie meineidige Zwillinge.

EIERBECHER
Die Metallkapsel der Ritterrüstung, die den der Familienplanung zugedachten Körperteil des Ritters vor feindlicher Schwertwirkung schützen sollte, wenn dieser zum Plündern gen Italien oder zum Brandschatzen ins Heilige Land reiste. Berühmte Eierbecher-Anwender waren: Richard Löwensterz, der Schwarze Zwitter und der Ritter Eivanhoe.

EIERSCHNEIDER
Stringtanga für Herren.

EIERSTICH
Eine fiese, wenn auch äußerst effektive Finte aus dem Fechtsport, die von seriösen Degen-, Florett- und Schwertfechtern verpönt ist.

EIFELTURM
Der Turm in der Eifel, von dem man bei gutem Wetter eine Fernsicht bis nach Paris hat.

EINHANDSEGELN
Fahrstil von Sportwagenanwendern, bei dem seine rechte Hand den Oberschenkelbereich der Beifahrerin erkundet. Einhandsegeln endet häufig im Graben, seltener in einer funktionierenden Zweierbeziehung. Sprachlich verwandt ist das sogenannte Einhandrudern. Ein Wassersport, bei dem es darum geht, auf einem See möglichst regelmäßige Kreise zu ziehen.

EINHORN
Die kleinstmögliche Blaskapelle.

EINSAM
Das Spermium, das nach dem Erguss den anderen nicht zu folgen vermag und deshalb allein zurück bleibt. Das Spermium, das als erstes die Eizelle erreicht, nennt man Premium.

EINZELHANDEL
Das, was man unter sich ausmachen muss.

EINZELLER
Ein meist prominenter oder wohlhabender Inhaftierter mit Einzelzimmeranspruch.

EISBÄR
Kosewort für das weibliche Genital, das sich dem potentiellen Koser rigoros verschließt.

EISBEIN
Das Elfenbein von unter natürlichen Umständen eingefrorenen Mammuts. Nicht selten in Sibirien zu finden. Die sibirischen Einwohner schlagen es aus dem Eis und verarbeiten es zu Mammon.

EISHÖRNCHEN
Die Erektion des Eskimo beim Anblick einer Gletscherspalte. Kommt es dann zum Eiszapfen, setzen nach neun Monaten die Schneewehen ein. Ein anderes Wort für die Erektion des Eskimo lautet Frostbeule.

EISPRUNG
Der gewagte Sprung eines Balletttänzers in den Spagat.

EISSCHRANK
Ein großer, athletischer Mann mit frostigem Gemüt.

EINLAUFWETTE
Prognose der medizinischen Fachkraft, ob das Klistier beim Patienten Wirkung zeigen wird oder aber für den Arsch war.

EISBOMBE
a) Der volle Bierkasten, den man in einer Frostnacht im Kofferraum vergessen hat.
b) Eine Eskimofrau, die im Iglu einen Striptease wagt.

EISKRATZER
Ein Kind, das in seinen Hosentaschen die letzten Groschen vom Taschengeld für ein Nogger zusammensucht.

EISSCHOLLE
Das knackige Gegenstück des knusprigen Backfischs.

EISWEIN
Das leise Wimmern eines Menschen, der heftig frierend erkennen muss, dass Eisschränke innen keinen Griff haben.

ELFERRRAT
Der heiße Tipp des Trainers für den Kicker, der sich anschickt, einen Elfmeter zu treten. Zum Beispiel, dass er sich vorher besser den Schnürsenkel zubindet oder, wenn es sich um Mario Basler handelt, die Kippe von der Lippe zu nehmen.

ELFMETER
Die mechanische Zählvorrichtung, mit der im Kölner

Karneval die Vollständigkeit des Elferrats überprüft wird.

ENGERLING
Ein kleiner, pfiffiger Bursche, der sich, auch wenn es eng für ihn wird, überall herauswindet.

ENGHOLM
Norddeutsch für «Fimose».

ENTERHAKEN
Slangwort der Computer-Hakker für Mittel- oder Ringfinger.

ENTERTAINER
Der Pirat, der beim Betreten des Beuteschiffs lustige Kapriolen macht. Die besiegte Mannschaft zeigte sich nicht nur nicht amüsiert, sondern sogar regelrecht aufgebracht.

ENTWICKLUNGSHELFER
Im Krankenhaus speziell geschultes Personal zur ökonomischen Entfernung von Verbandsmaterial, im Fotolabor die rechte Hand des Fotolaboranten.

ERBANLAGE
Das Grammophon, das uns Opa vermacht hat.

ERDANZIEHUNGSKRAFT
Physikalisch noch nicht determinierte Kraft, die bewirkt, dass auf frisch gereinigten Bodenflächen, Teppichböden oder Parkettböden bereits nach wenigen Sekunden wieder Lehm- oder Erdbröckchen auftauchen. Die Erdanziehungskraft verstärkt sich reziprok zur Anzahl der im Haushalt lebenden Kinder.

ERDRUTSCH
Sommertraining der Bobfahrer.

ERNSTFALL
Der moralische Niedergang eines Adelsgeschlechts. Ein Ernstfall liegt vor, wenn ein Blaublütler sich beim Besuch einer Messestadt exponiert, indem er vor Publikum seinen kleinen Prinzen herausholt und somit zum dummen August mutiert.

ERPEL
a) Ein hypergenauer Mitmensch. Jemand, der die Erbsen sorgfältig schält, bevor er sie dann genussvoll zählt.
b) Ein Liebhaber, Ehemann oder Callboy, der sich noch vor der Dame zu entkleiden beginnt.

ERSTE HILFE
Das erste Reaktion, die jedem zuteil wird, der so kühn ist, sich mit einem kleinen Problem an sein soziales Umfeld zu wenden. Intention und Reaktion folgen einem wohl tradierten Strickmuster:
A: «Hilfe, ich glaube, ich habe eine stark blutende Platzwunde!»
B: «Du, probier es doch einfach mal mit Meditation. Aber nicht auf meinem Teppichboden!»
Oder:
A: «Meine Frau hat mich verlassen!»
B: «Du, sie wird schon ihre Gründe haben!»
Oder:
A: «Ich bin völlig pleite. Kannst Du mir bis zum Ersten zwei Blaue borgen?»
B: «Du, natürlich könnte ich, aber würde Dir das wirklich weiterhelfen?»
Oder:
A: «Darf ich Dir eine Frage stellen?»
B: «Das hast du bereits!»
Oder:
A: «Keiner versteht mich!»
B: «Sorry, aber was hast Du gerade gesagt?»

ERZENGEL
Ein Mädel mit eisernem Willen und eisernem Kreuz, das sich nur sehr schwer herumkriegen lässt. Ähnliche Kriterien erfüllt der Erzbischof.

ERZEUGERABFÜLLUNG
Entweder das schwere, vorsätzliche Betrunkenmachen des männlichen Elternteils oder die Selbstmedikation mit Alkohol eines Vaters, dem der Lebenswandel von Sohn oder Tochter starke Kopfschmerzen bereiten.

ERZFEIND
Antiquiertes Wort für Rost.

ESSIGFLIEGE
Stark ätzend riechender und ebenso aussehender Herrenbinder. Handelt es sich um eine Krawatte, die nur unschön wirkt, weil sie nachlässig gebunden wurde, haben wir es mit einem Schnellbinder zu tun.

ESTRAGON
Das Verteidigungsministerium Estlands, dessen Architektur an das amerikanischen Pentagon angelehnt ist, in dessen Saunatrakt es aber irgendwie merkwürdig nach Kräuterdressing riecht.

EXHIBITIONISMUS
Stilrichtung der Malerei, bei der die Maler richtig wild darauf waren, ihre Bilder anderen Malern zu zeigen. Maler, die zu faul sind, selber Hand an den Pinsel zu legen und sichviel lieber Bilder anderer Maler anschauen, um sich von diesen beeindrucken zu lassen, nennt man Impressionisten. Daraus entwickelte sich der Expressionismus, eine Stilrichtung, bei sich alle möglichen Künstler trafen, um gemeinsam Expresso zu trinken. Durch Abspaltung der Maler, die Würfelzukker für den Expresso bevorzugten, entstand der Kubismus.

EXPO
Der nicht mehr vorhandene, weil in einer Schönheitsoperation abgesaugte Teil eines ehemals überfülligen Hinterns. Viele Fettabsaugungen scheitern kläglich, sind also für den Arsch.

DAS F

Das F ist der sechste Buchstabe des neugermanischen Alphabets und steht u.a. für Frankfurt an Main und Fluor in der Zahnpasta. Dem Börsianer sagt das F, das eine Aktie zur fortlaufenden Notierung zugelassen ist, und dem, der die Physik aus dem FF kennt, dass er es mit Fahrenheit zu tun hat. Bei dieser handelt es sich natürlich nicht um einen Sammelbegriff für alle Autofahrer dieses Planeten, sondern um die Maßeinheit, welche die Temperatur von Darmwinden angibt.

FAHNENSTANGE
Claudia Schiffer, die am Morgen nach der Sektparty noch nicht zum Zähneputzen gekommen ist.

FALLRÜCKZIEHER
a) Wenn Schimanski erst auf eine Straftat angesetzt wird, dann aber von seinem Vorgesetzten ohne nennenswerte Nennung von Gründen so mirnichts-dir-nichts abgelöst wird.
b) Nach vollzogenem Akt rücklings von der Matratze kippen
c) nach der neuen Rechtschreibreform Schreibweise für «Phallrückzieher».

FALLSCHIRM
Der Monitor eines PCs, der soeben abstürzt.

FALSCHER HASE
Die Aufblaspuppe aus dem Sexshop.

FANGSCHUSS
Balltritt des Fußballers. So schwachbrüstig ausgeführt, dass der gegnerische Torwart vor dem Abfangen noch reichlich Muße findet, sich schlapp zu lachen (Schlappschuss). Nicht zu unterschätzen dagegen der Schreckschuss. Motiviert durch gezieltes Doping, vermag er den Torwart durchaus in Torschusspanik zu versetzen. Motiviert durch Erhöhung seiner Gage, landet der Kicker einen sogenannten Scheckschuss. Walten weder Vorstand noch Pharmaindustrie, sondern magische Kräfte, handelt es sich um einen Hexenschuss.

FAST FOOD
Englisch Sinngemäß übersetzt: «fast Essen». Nahrungssurrogat.

FÄUSTLINGE
Deutschlehrerjargon für Gymnasiasten, die zum ersten Mal mit Goethes Faust konfrontiert in den Büchern vergeblich nach den Bildchen blättern.

FAUSTRECHT
a) Der Anspruch jedes Deutschen, Goethe lesen zu dürfen.
b) Der Anspruch jedes Deutschen, Goethe verweigern zu dürfen.

FEDERBALL
Tennisvariante, bei der mit dem lebendigen Vogel gearbeitet wird.

FEDERBOA
Die kleinste und leichteste Riesenschlange.

FEDERWEISSE
Euphemismus eines Schwarzen für eine dumme Gans aus Europa.

FELDBUSCH
Ein Busch, der auf einem Feld steht und einfach hinreißend aussieht.

FERNBEDIENUNG
Die auf Distanz bedachte Kellnerin. Bei einem Kellner heißt die für ihn optimale Maximalentfernung zum Gast «Oberweite».

FERNSEHKANAL
Ein fließendes Gewässer, das sich hervorragen für die Entsorgung ausrangierter Fernsehapparate eignet. Zum Beispiel der Rhein-Herne-Kanal oder der Panama-Kanal.

FERNSEHTURM
Ein hoch gewachsener Mensch mit leistungsstarken Augen.

FERNVERKEHR
Telefonsex.

FERTIGRASEN
Der völlig heruntergekommen Rasenfußballplatz

FESTPLATTE
Der kulinarische Krönung einer Feierlichkeit. Ein Beispiel für eine typische Sauerländer Festplatte ist die traditionelle Hammelhirnsülze. Dazu trinkt man das sogenannte Sauerländer Gedeck: ein Glas

alkoholfreies Bier und zwei Korn.

FEUERQUALLE
Ein dicker, schleimiger Mann, der sich an eine Dame heranmacht, indem er sie um Feuer für seine Zigarre bittet. Sie hat dann die Quall der Wahl.

FICHTENSCHONUNG
Die vom Forstamt festgelegte Zeit, in der nicht an Koniferen gepinkelt werden darf.

FICKEN
Eine mit dem Fenchel verwandte Wickenart.

FILTERZIGARETTE
Die versehentlich in den Kaffeefilter gefallene Zigarette, sowohl sich als auch den Kaffee ungenießbar machend.

FILZLAUS
Das einzige Tier, das sein Geschlecht selbst zu verändern vermag, indem es den Aufenthaltsort wechselt.

FINDLING
a) Der kleine, aber schwere Gegenstand, den man beim Ausmisten in einer Jackentasche findet, von dem man gar nicht wusste, dass man ihn je besessen hat und bei dem man sich fragt, wie er da wohl hingekommen sein könnte. Beliebte Findlinge: Lippenstift, Goldfeuerzeug, Tafelsilber, Platinkugelschreiber und Massagestäbe.
b) Junger Spund, der sich in jede erreichbare Gesprächsgruppe mit Befindlichkeitsabsonderungen zwängen muss: «Ich finde dies aber nicht gut, ich finde das, ich finde jenes nicht gut». Wirksame Mittel gegen Findlinge, die nicht rechtzeitig den Ausgang finden, sind Ignoranz und Betäubungsgewehr.

FINTE
In der Musik der Abstand, das Intervall zwischen zwei Tönen, von dem man vermutet, der Komponist könnte ihn gewählt haben, um Musik-

kritiker hereinzulegen. Ebenfalls gebräuchlich das Wort Jägerfintett, eine Blasgemeinschaft von zwei Jagdhornspielern meinend.

FISCHGRÄTENMUSTER
Durch einfaches Vomieren oder heftiges Hervorhusten von Fischresten erzeugte Tischdekoration. Der Gestalter eines Fischgrätenmusters ist der «Fischreiher».

FISCHSTERBEN
Astrologisches Phänomen. Immer weniger im Sternzeichen Fische Geborene zu verzeichnen. Vermutlich weil im Zeugungsmonat das Fernsehprogramm besser geworden ist. Zwecks Erhaltung der astrologischen Ausgewogenheit plant deshalb die Bundesregierung Zeugungsprämien.

FISKUSS
Im Film der Lippenkontakt, der mit einem Fis-Dur-Akkord untermalt wird. Vier Halbtonschritte tiefer liegt der Diskuss.

FLACHMANN
a) Ein oberflächlicher Macho, der die Probleme seiner tatsächlichen oder potentiellen Partnerin als akustischen Durchzug empfindet.
b) Eine männliche Person, die das Gefahrenpotential einer herannahenden Dampfwalze völlig verkannt hat.

FLAMENCO
Traditioneller Watschentanz der in Belgien hausenden Flamen. Er ist dem Balztanz des Pinguins nachempfunden und geht bis zum kollektiven K.O.

FLASCHENPOST
a) Der Bettelbrief des geschassten Lovers, in dem er seine Ex anfleht, es doch noch einmal mit ihm zu probieren.
b) Briefbeförderungsunternehmen mit Mitarbeitern fragwürdiger Qualifikation.

FLATTERHAFT
a) Die Haftstrafe für chronische Hühnerdiebe, meistens im Hühnerflügel der Anstalt untergebracht. Die Haft in einer Zelle mit extrem niedriger Decke nennt man dagegen Beugehaft.
b) Die chronische Angst vor einer festen Bindung. Synonyme sind Duophobie und Relatophobie.

FLATTERMANN
a) Ein Aussteiger, jemand, der die Flatter macht. Im Gegensatz dazu ist jemand, der sich der Realität mittels Alkohol entzieht, ein Ballermann. Hat er sich endlich in eine horizontale Position geballert, sprechen wir vom sogenannten Flachmann. (Weitere Bedeutungen von Flachmann siehe FLACHMANN.)
b) Bungeespringer mit langem Seidenschal

FLIEGENFÄNGER
Das der Fahrtrichtung zugewandte Gebiss des Motorrad- oder Kabrioletanwenders.

FLIEHKRAFT
Die physikalische messbare Energie, die ein Knasti für seine selbst determinierte vorzeitige Entlassung aufbringen muss.

FLOHZIRKUS
a) Das, was ein kleines aber temperamentvolles Kind aufführt, um von seinen Eltern Geld für Pokémonkärtchen, für Gummibärchen oder für einen neuen Schlagring einzutreiben.
b) Der Aufstand, den der Zuchthausdirektor macht, wenn einer der ihm Anvertrauten vorzeitig die Sause gemacht hat.

FLÜGELSTÜRMER
a) Der überschwengliche Udo-Jürgens-Fan gegen Ende des Udo-Jürgens-Konzert.
b) Beim kalten Büfett der Zeitgenosse, der sich heiß-

hungrig über die Platte mit den Hähnchenteilen hermacht und sie leermacht.

FLUGHÖRNCHEN
a) Die durch Ungeschicklichkeit oder einen Zornausbruch abrupt in Freiflug versetzte Eiswaffel. Der Auslöser für ein zorngeborenes Flughörnchen ist nicht selten das Kind einer alleinerziehenden Mutter, das Schokoladeneis wünschend Pistazie bekommt.
b) Die flüchtige Erektion eines Flugpassagiers beim Anblick einer Stewardess oder eines Stewards.
c) Die Beule, die man sich im Flugzeug einfangen kann, wenn man nach der Landung nichts Böses ahnend die Gepäckfachklappe über dem Sitz öffnet, um ihr Jacke oder Haustier zu entnehmen und einem dabei der vier Tonnen schwere Aktenkoffer eines Mitpassagiers auf die Birne knallt.

FLUGZEUG
So wie das Wort «Nähzeug» sämtliche zum Nähen benötigte Utensilien umfasst, also Nadel, Schere, Faden, Tupfer, thront «Flugzeug» über den Dingen, die uns beim Fliegen begleiten: Kaugummi, Stewardess, Zeitung, Kotztüte. Gelegentlich – und fälschlicherweise – wird Flugzeug auch für das Flugvehikel selbst verwendet. Das aber nennt sich Aeroplan. Komponiert aus den Wörtern «Aero» (= altgr. «Luft») und «Plan» (= engl. Plan) meint es ein Ding, das nach Fahrplan durch die Luft wirbelt. Bei Turbulenzen (turbostarke Frühlingswinde) wirbelt dann auch das gesamte Flugzeug durcheinander: der Kaugummi, die Stewardess, die Zeitung und die – hoffentlich leere – Kotztüte.

FLURSCHADEN
Das, was Möbelpacker beim Versuch zustande bringen, einen Konzertflügel durch eine

Diele zu transportieren, in der es wegen der vielen Glasvitrinen, Mingvasen und Aquarien ziemlich eng ist.

FLUSSBETT
a) Ein undichtes Wasserbett.
b) Ein Schlaflager mit überdurchschnittlich hohem Durchgangsverkehr.

FORELLENQUINTETT
a) Ein sehr kleiner Fischschwarm.
b) Ein Anglerkombinat mit 5 Mitgliedern.

FORMSACHE
Hilfsmittel zur Optimierung der menschlichen Anatomie. Sehr effektiv sind Schulterpolster, Korsett und Wonderbra. Auch die vom Herrn im Schritt getragene Hasenpfote ist eine reine Formsache.

FOTOGEN
Der Teil des Erbguts, der darüber befindet, ob das Baby später einmal die Veranlagung hat, hübsche Urlaubsfotos zu schießen.

FOTOSYNTHESE
Das ungewollte Zusammenkleben von Fotografien auf sich gegenüberliegenden Seiten des feucht gewordenen Fotoalbums.

FRACHTDAMPFER
Ein dicker, heftig transpirierender Paketbote.

FRACKZWANG
Ein viel zu strack sitzendes Herrenjacket.

FRAUENPARKPLÄTZE
Sammelbegriff für Orte, Stätten und Bereiche, die der Zwischenlagerung von Frauen dienen: Boutiquen, Frauenhäuser, Sommerschlussverkauf. Das Antinym lautet Hosenstall. Aus der Frauenbewegung stammend bezeichnet es Orte, an denen mit einem konzentrierten Vorkommen von Hosenträgern zu rechnen ist: das Clubhaus des Tauben-

züchtervereins, die Spielhölle und das Pornokino.

FRATZE
Eine Matratze in einem fragwürdigem hygienischen Zustand.

FREGATTE
Frecher, aufmüpfiger, renitenter Ehemann.

FREIWILD
Rehe, Hirsche und Wildschweine aus dem Gehege, die Ausgang haben.

FRIEDENSPFEIFE
Anderes Wort für eine konfliktscheue Person: ein Weichei, Warmduscher oder Sitzpinkler.

FRIESENNERZ
Bereits der seelige Zoologe Professor Dr. Grizmek beschrieb den Friesennerz als putzmunteres Mardertier mit gelbem, wasserdichten Pelz. Das mit gutem Grund, denn der Friesennerz verfügt in der Tat über einen Pelz, der sowohl gelb als auch wasserdicht ist.

FRIKADELLE
Die Vertiefung im Frikassee, wenn man mit dem Brot hineinstippt.

FRISCHLING
Ein kleines, verhaltensauffälliges Ferkel, das sein soziales Umfeld mit einer Wasserpistole terrorisiert.

FRISCHZELLENKUR
Medizinisch umstrittene Maßnahme, bei der die Patienten zwecks Abhärtung in ungeheizten Räumen untergebracht werden.

FRISIERSALON
Das Bierlokal im Wilden Westen, in dem Cowboys und Trapper mit gezinkten Pokerkarten beschummelt wurden. Oftmals gerieten sich die Spieler darüber in die Haare.

FRITTEUSE
Weibliche Fachkraft in der Küche eines Restaurants oder einer Kantine, die exklusiv dafür zuständig ist, kleine Kartoffelstücke in Öl einer wärmeintensiven Oberflächenbehandlung zuzuführen. Der Interessensverband Deutscher Fritteusen setzt sich seit langem für eine Umbenennung in «Frittörin» ein. Ein Trend, der durch die Metamorphose von Friseuse nach Frisörin losgetreten wurde. Warum nicht, immerhin heißt es ja auch Möhre.

FROHLOCKEN
a) Festtagsgruß der Frisöre und Frisörinnen.
b) Eine gut gemachte Dauerwelle, die ihren Träger in einen Zustand heiterer Entzückung versetzt. Das Gegenteil von Frohlocken, wie wir sie zum Beispiel von Lothar Matthäus kennen, ist die Hängematte von Günther Netzer.

FROSCHMANN
Das natürliche Gegenstück zur Froschfrau.

FROSCHSCHENKEL
Scherzhaft für die Oberschenkel eines Grünen Abgeordneten beim Hammelsprung.

FRÜHSTÜCK
Das Gemälde eines Künstlers aus früher Schaffensperiode.

FRÜHTAU
a) Synonym für Morgenlatte.
b) Wenn Tiefkühlkost vorzeitig wegschmilzt.
c) Das erste eigene Lasso des Jung-Cowboys.
d) Eine Person, die im Umgang mit anderen schnell zutraulich wird.

FUCHSSCHWANZ
Glied eines rothaarigen Mannes oder Jünglings. Das Gegenteil von «Greenhorn».

DAS G

Obwohl das G der 7. Buchstabe des Alphabets ist und somit an verruchter Stelle steht, strahlt es Würde aus. Vielleicht, weil es stolz darauf ist, dass sich seine Wurzeln bis auf das griechische Gamma zurückverfolgen lassen. Mit großer Würde kürzt das G also scheußlich radioaktive Strahlen, außerdem ein wesentlich gesünderes Vitamin und die Stadt Gera ab. Gera liegt in Thüringen – und da wären wir schon beim Punkt, beim G-Punkt. Denn sowohl Thüringer wie Sachsen schätzen das G als K-Ersatz. Wenn also im Restaurant der Herr am Nebentisch eine Gohlroulade mit Rotgohl und eine Gola, und seine Tischgefährtin einen Girschguchen und ein Gännchen

Gaffee ordert, haben wir es fast immer mit Repräsentanten eines dieser beiden Bundesländer zu tun. Das phonetische Phänomen mag bei Wörtern wie Kabelsalat, Kernkraftwerk und Kuckuck von hoher Niedlichkeit und somit recht unterhaltsam sein, doch gelegentlich führt es zu Irritationen. Zum Beispiel wenn Thüringer und Sachsen Wörter wie Keilriemen und Kunstgewerblerin verwenden. Oder dann, wenn dem freienden Jung-Magdeburger, der sich von seiner Julia aus Bonn oder Berlin einen Kuss erbittet, ein Schwall Wasser ins Gesicht klatscht. Ebenso irritierend dürfte die Situation eines nach Wuppertal strafversetzten sächsischen Mathelehrers sein, der einen Schüler auffordert, einen Kreis zu definieren. Der Lehrer wird vermutlich verdutzt sein, wenn das gefragte Kind unvermittelt über Zombis, Gruftis und sonstige Personen über 30 zu referieren beginnt.
Doch lenken Sie, sehr geehrtes Lesewesen, Ihre Aufmerksamkeit auf einige Wörter, die wirklich mit einem G beginnen und die höchst interessante Nebenbedeutungen vorweisen können.

GALEERE
Wenn sich bei einer Galaveranstaltung der Saal blitzartig entvölkert, weil alles nach nebenan zum soeben eröffneten Büfett sprintet, kommt es zu einer vorübergehenden Galeere.

GARDINENPREDIGT
Eine Standpauke, die sich gewaschen hat und die über eine Reinigungsfachkraft hereinbricht, weil sie schon wieder versäumte, die Vorhänge zu waschen und die Goldkante zu polieren. Geht es allerdings um einen ganzen Haufen von Vorwürfen, haben wir es mit der Bergpredigt zu tun.

GARTENSCHLAUCH
Die schier unendlich lange Liste anstehender dringlicher wie lästiger Gartenarbeiten: Umgraben, Unkraut jäten, Schneckentod streuen, Maulwurfhügel plätten, Rasen mähen, Bäume schneiden, Maschendrahtzaun flicken usw.

GARTENTOR
Jemand, der sich virtuos ungeschickt im Garten anstellt, weil er beim Unkrautjäten am Maschendrahtzaun hängenbleibt oder beim Grillfest durch übermäßigen Einsatz von Spiritus versehentlich den Rasen sprengt.

GEFRIERBEUTEL
Ein kaltherziger, alter Sack.

GEHALTSSCHECK
Wenn zwei Angestellte eines Betriebes ihre Gehaltsabrechnungen vergleichen, um herauszufinden, ob der Betrieb sie bescheißt.

GELBSUCHT
Das chronische Leiden von Guido Westerwelle.

GELDAUTOMAT
Der Brötchenverdiener einer Durchschnittsfamilie.

GELDWÄSCHE
Der Reinigungsvorgang, für

den wir bezahlen müssen. Zum Beispiel im Waschsalon und in der Toilette der Autobahnraststätte.

GENCOCKTAIL
a) Schlummertrunk
b) Langweilig schmeckendes, meist alkoholfreies Getränk.

GENITAL
Ein Tal, dessen Bewohner außergewöhnlich erfindungsreich sind.

GEPARD
Militärisch knappe Vollzugsmeldung nach dem Koitus.

GERANIEN
Sagenhaftes Land der Antike, das sich rechts neben der heutigen ostthüringischen Stadt Gera befunden haben soll. Die Sage scheint einen wahren Kern zu haben, denn bei Ausschachtungsarbeiten stießen Bauarbeiter vor einigen Jahren auf Scherben sehr alter Blumenkübel. Einige waren mit schwarzen Pferden bemalt, den sogenannten Blumento-Pferden.

GERÄUSCHKULISSE
Theaterjargon für eine Dekoration, die während der Vorstellung lautstark kollabiert.

GESCHLECHTSTRIEB
Der geschlechtsspezifische Druck, der Männer ins Fußballstadion oder in Survivalkurse treibt. Frauen hingegen treibt der Geschlechtstrieb in den Frisiersalon, in den Sommerschlussverkauf oder in das Seminar «Angstfreies Aquarellieren am Atlantik».

GIESSKANNE
Ein Blasinstrument, dessen gefühlvolle Tonabsonderungen die Zuhörer zu Tränen rühren.

GIPFELTREFFEN
Jede zwischenmenschliche alpine Begegnung oberhalb der Baumgrenze.

GLADBECK
Ein frisch gescheuertes Spülbecken.

GLATZENBILDUNG
Der Wissensstand eines Haarlosen.

GLATZENSCHONER
a) Ein Richter, der im Umgang mit verhaltensauffälligen Neonazis auffällige Milde walten lässt.
b) Ein Segelschiff, dessen Besatzung an Haarausfall leidet.

GLOBAL
Ein Langfisch, der sich fett und rund gefressen hat. Seinen magerern Kollegen, der lediglich einen Strich in der Landschaft darstellt, nennt man «Lineal».

GLOBETROTTER
Berliner Ausdruck für einen gutgläubigen Mitläufer, der einfach alles «globt», was die anderen ihm «verklickern».

GLOCKENSCHLAG
Boxerslang für Kopfnuss.

GLOCKENTURM
Eine großgewachsene Dame mit immenser Körbchengröße.

GLÜCKSSPIRALE
Unsicheres Verhütungsmittel.

GLÜHBIRNE
a) Das Pendant des Bratapfels
c) Deutscher Altbundeskanzler beim Schämen
d) Der Kopf eines Quizkandidaten, dem soeben die Frage gestellt wurde, wie die Hauptstadt von Kirgisistan heißt.

GLÜHWEIN
a) Traubensaft, der mit dem Frostschutzmittel Glykol angereichert ist, der zu verstärkter Durchblutung des zentralen Geruchsorgans führt.
b) Ein Kind, das vom vielen Flennen schon einen ganz roten Kopf bekommen hat.

Die häufigsten Ursachen:
1.) Verlust der Pokémonkärtchen.
2.) Drohung der Eltern, mit ihm in einen Märchenfilm zu gehen und
3.) Haribo-Aktien um 20% gefallen.

GNADE
Sauerländischer Abschiedsgruß, sprachökonomische Form von «Guten Abend und Ade», soviel meinend wie «verpiss dich».

GOBELIN
Vomierender Hermelin. Wird wegen seines strengen Geruchs häufig mit Iltis und Puma verwechselt.

GOLDBARREN
Überprächtig gestaltetes Turngerät, das man häufig in den Turnhallen arabischer Emirate antrifft. Man gönnt sich ja sonst nichts.

GOLDHAMSTER
Ein Digger, der sich ein paar Nuggets auf die Seite gelegt hat.

GOLFKRIEG
Wenn sich zwei Golfer so heftig in die Wolle geraten, dass sie sich gegenseitig körperliche Handycaps zufügen.

GOLFPLATZ
Eine Fläche von 1,50 m x 2,00 m. Die Abstellfläche, die ein Golf in der Garage, auf dem Frauenparkplatz oder im Stau benötigt, ohne etwas anderes dabei anzustoßen.

GOLFSTROM
Der enorme Bedarf an elektrischer Energie, die allein dafür notwendig ist, um bei einem alten Golfmodell die Scheibenwischer auf Touren zu bringen.

GOTTSCHALK
Gegenteil von Heidenspaß. Der neckische Spaß, den das Oberste Wesen hatte, als es die besonders harten Prü-

fungen für die Menschheit ausheckte. Also Erdbeben, Wirbelstürme, Springfluten und Karl Moik.

GOUDA
Die Freude, die eine Gruppe Holländer befällt, wenn der Käse angeschnitten wird. Verwechslungsgefahr mit der Begeisterung von Bayern beim traditionellen Radi-Anschnitt beim Oktoberfest, der sogenannten Gaudi. Eine Radi, deren Halbwertzeit abgelaufen ist, nennt man übrigens Radium.

G-PUNKT
Der Punkt hinter dem G, das als Abkürzung dient.

GRABBELTISCH
In einem Etablissement mit Tabledance der Tisch, auf dem getanzt wird.

GRABSCHEN
Das wenig schickliche Tätscheln eines Grabsteins.

GRAFFITI
So bunt wie Konfetti, aber größer.

GRANATWERFER
Beim Granatschürfen derjenige Granatsucher, der die Steine aus der Grube nach oben schleudert.

GRASFROSCH
a) Der juvenile Kiffer.
b) Das Kleinkind einer allein erziehenden grünen Abgeordneten.

GRASNARBE
Das durch einen unsachgemäß gehaltenen Joint verursachte Wundmal an der Hand.

GRAUBÜNDEN
Eidgenössischer Begriff für einen heimlich getroffenen Pakt.

GRAUER STAR
Ein Schlagersänger, dessen Designertoupet nicht darüber hinweg täuschen kann, dass seine

Gründungsgroupies schon seit Monaten ihren Champagner aus Schnabeltassen schlürfen.

GREENCARD
a) Speisenkarte in einem vegetarischen Restaurant
b) irische Wanderkarte
c) Die Urlaubskarte, die mit extremer Verspätung und schon partiell bemoost bei den Lieben daheim eintrifft

GRETCHENFRAGE
Wenn ein Sachse sich in einem Fischrestaurant nach der Grätendichte diverser Fischgrichte erkundigt, stellt er die «Gretchenfrage». Zaghafte Sachsen entscheiden sich danach meistens für Fischstäbchen. Auch ein sächsischer Sporttrainer stellt die Gretchenfrage, wenn er von einer jungen Bodenturnerin wissen möchte, ob sie auch Grätschen kann.

GRIFFEL
Ein pfiffiger Rüffel, ein konstruktiver Vorwurf. Beispiel: «Offen gestanden gefällt mir Deine Hose nicht!»

GRILLHAXE
Die Unterschenkel des Strandtouristen, bei denen ein Unproporz aus reichlich Sonne und spärlich Sonnencreme zu Verbrennungen dritten Grades geführt hat. Auf den Schmerzherd legt der Tourist Erdbeereis, über den störenden Brandgeruch eine Wolke aus Sangria.

GRILLKOHLE
Die für die Anschaffung eines neuen Kühlergrills benötigte Geldmenge.

GRILLPARZER
Das kleine Missgeschick, das einem beim Outdoor-Rösten von Fleischstücken widerfährt. Zum Beispiel, wenn der allzu sorglose Umgang mit dem Spiritus zur Dezimierung seiner Grillgäste führt.

GRILLROST
Das, was ein Grill ansetzt, wenn er lange nicht in Gebrauch war.

GRIND
Ein Rind, das sich an einer Stallwand schubbert, die von Schuppenflechte befallen ist.

GRUBENLAMPE
Die Sondenlampe, mit welcher der Schönheitschirurg die Tiefe der Altersfalten erforscht.

GRUNDEIS
Die Speiseeiskugel, die einen unbeabsichtigten Touchdown landet. Einer Person, die daraufhin auf dem Segen ausrutscht, geht der Arsch auf Grundeis.

GRÜNDELN
Das zaghafte Sucheln der Theologen nach dem Sinn des Lebens. Das Frageln der Philosophen, ob es vielleicht doch ein Paradies gibt, in dem zu Harfenmusik ordentlich abgefeiert wird. Bislang scheint es aber so, als ob die einzigen Wesen, bei denen es nach dem Ableben rund geht, Grillhähnchen sind.

GRUNDRECHTE
Die geballte rechte Faust, die aus gegebenem Anlass auf die Tisch schlägt, um etwas ein für alle mal klar zu unterstreichen. Die Grundrechte verstärkt beispielsweise die ultimative Ansage des Vaters an die präpubertäre Tochter: «Solange Du deine Beine unter meinen Tisch stellst, wirst Du in Deinem Zimmer kein Piercing-Studio eröffnen!»

GRUNDSCHULE
Ein Verband von Delfinen oder Walen, die den Meeresgrund nach Leckerlis absuchen. Tauchen diese auf, um frische Luft zu schnappen oder um sich bei Greenpeace-Aktivisten Lieb-Kind zu machen, bilden sie eine Hochschule.

GUADALUPE
Bayerisch: das hervorragende Vergrößerungsglas.

GUATEMALA
Lobendes Wort der Bajuwaren für einen erstklassigen bildenden Künstler.

GUGELHUPF
a) Der Freudensprung eines Kugelstoßers, der seinen verhassten Trainer getroffen hat.
b) Der Freudensprung eines korpulenten Menschen auf der Waage, weil er in nur einem Monat über 17 Gramm abgespeckt hat. Die Waage fällt meistens in sein Freudenquietschen mit ein.
c) Ein Gugel, das einem von der Gabel springt.

GUILLOTINE
Französisch für ein Mädel, deren Designer-Parfüm olfaktorischen Assoziationen an ein Güllefass Hof und Scheunen öffnet.

GULLYDECKEL
Die Kopfbedeckung eines Menschen, der nur Mist im Kopf hat. Historisch bedeutsame Gullydeckel sind unter anderem: der Zweispitz von Napoleon Bonaparte, die Pickelhaube von Kaiser Wilhelm des Zweiten und der Topfhelm des Kreuzritters Gottfried von Bouillon.

GUMMIBAUM
a) Eine romantisch gelegene alte Buche, Eiche oder Kastanie, die in lauen Sommernächten gerne von Liebespaaren aufgesucht wird, die gebrauchte Verhütungsmittel zurücklassen.
b) Der Stammbaum der Gummibärchen

GUMMIBÄR
Eine Vagina, die nur entsprechend gekleideten Besuchern den Zutritt gestattet.

GÜRTELTIER
Waidmannssprache: das so-

eben vom Jäger erlegte, dampfende Stück Kleinwild, das dekorativ am Leibgurt baumelt. Beliebte Gürteltiere sind Schnepfe, Kaninchen, Iltis und Dackel, Gürteltiere zweiter Wahl sind Igel, Stachelschwein und Skunk.

GURTMUFFEL
a) Kondomverweigerer. Die häufigsten Gründe für Gurtmuffelei sind der Wunsch nach Kindern oder eine schwere Gummiallergie.
b) Der leichte Fischgerucht, der sich beim mittelalterlichen Minnefräulein unter dem Keuschheitsgürtel ausbreitete. Bereits nach wenigen Monaten war die Defensiv-Wirkung dieser olfaktorischen Komponente ungleich wirkungsvoller als die des Keuschheutsgürtels. Der Edeldame blieb meist nichts anderes übrig, als gute Minne zu bösem Spiel zu machen.

GUTENBERG
Grußwort der Freeclimber und Alpenisten.

GÜTERVERKEHR
Sexuelle Handlung an oder mit Gegenständen.

DAS H

Als achter Spießgeselle der Alphabeten-Bande steht das H als Einzeltäter Schmiere an der 7. Sprosse der C-Dur-Tonleiter und beim Bruch in ein Chemielabor für das Hydrogenium vulgo Wasserstoff (Der Stoff aus dem sowohl Wasserbetten als auch H-Bomben hergestellt werden).
Auf dem Autoaufkleber eines hoffentlich nicht geklauten Fahrzeuges steht er für Ungarn und in Komplizenschaft mit einem Gleichgesinnten für das 1500 Kilometer entfernte Hamburg, wo er den Imkern auch als Abkürzung für die Hummel dient.
Das große H lässt sich sogar von einem Analphabeten wegen seiner typischen Hosenträgerform bei der Gegen-

überstellung eindeutig identifizieren. Wie bei Helm und Hundehütte fußt auch beim H der Spruch: harte Schale, weicher Kern. So täuscht die kantige Gestalt darüber hinweg, das wir es mit einem höchst fragilen Wesen zu tun haben, denn das H ist ein Hauchlaut. Der Dichter und Philosoph Niclas van Göbel goß die schwebende Seele des Hauchlauts in einen klassischen Zweizeiler:

Das Rülpserchen vom Haubentaucher
ist lauter als ein Taubenhaucher.

Möge Ihnen, sehr geehrtes Lesewesen, bei den nun folgenden H-Wörtern ein Hauch von Erkenntnis um die Ohren blasen.

HAARTOLLE
Eine Frau, deren Attraktivität sich nach dem Frisörbesuch noch um ein Vielfaches potenziert hat.

HACIENDA
Spanisches Wort für Schnupfen.

HAFTPFLICHT
Der ethische Auftrag des Klebstoff.

HAKENNASE
Die Nase des einen Boxers nach dem rechten Haken des anderen Boxers.

HALBAFFE
Die äquatorialafrikanische Entsprechung des hiesigen halben Hähnchens.

HALBMAST
Friss-die-Hälfte-Diät.

HALBTON
Das von den Indianern des amerikanischen Südwestens zum Pueblobau verwendete Naturmaterial. Es besteht halb aus Ton und halb aus Büffelscheiße.

HALOGEN
Unter Genen und Genforschern gebräuchliche Grußformel.

HAMMELKEULE
Ein derber Holzstab zur argumentativen Erweichung eines sturen Menschen.

HAMSTERN
Der zwanghafte und rational nicht zu begründende Massenkauf von syrischen Goldhamstern. Nicht nur, dass sich die betroffenen Menschen gelegentlich durch Hamsterkäufe ruinieren, auch ihre Wohnungen riechen strenger als andere. Der durchschnittliche Pro-Kopf-Bedarf an Hamstern liegt bei 0,7 Hamster pro Jahr. Aus Gründen der Tierliebe rundet man beim Kauf auf. Die Zubereitung dieses pos-

sierlichen Nagetiers im Ofen via Römertopf heißt Hamsterbacken.

HANDBREMSE
Fluginsekten, bei denen das Weibchen zur Nahrungsaufnahme bevorzugt die Hände unfreiwilliger Blutspender der Gattung Homo sapiens aufsucht. Ihren Namen verdanken die Bremsen der Tatsache, dass sie beim Blutsaugen nur schwer zu bremsen sind. Einen Verband mehrerer tafelnder Bremsen bezeichnet man als Blutgruppe. Junge, unerfahrene Bremsen, die es erwischt, sind «blutige Anfänger».

HÄNDEDRUCK
Die wohl bekannteste Grafik von Albrecht Dürer.

HANDIKAP
a) Die Schutzhülle beim Mobiltelefon
b) Eine Handyverbindung, die jäh abbricht – zum Beispiel während der Autofahrt in einen Tunnel oder gegen einen Brückenpfeiler.

HANDTUCHSPENDER
Eine Person, die ein Stück Stoff an eine andere Person verschenkt, die sonst absolut nichts anzuziehen hat.

HANF
Ein ausgewachsener Hänfling. Die Brüder Grimm widmeten dieser Heldenfigur das Märchen «Hanf im Glück». Ebenso populär ist das geflügelte Wort «Hanf Dampf in allen Gassen».

HÄNGEBRÜCKE
Eine schlecht sitzende Oberkiefer-Gebissprothese, die jeden Augenblick dem Ruf der Schwerkraft zu folgen droht. Sobald sie diesem folgt, nennt man sie im Augenblick des Freiflugs auch Perserbrücke.

HARNLEITER
Die Aufsichtskraft bei der Doping-Kontrolle. Im Gegensatz

zu vielen Menschen, die regelmäßig in die Röhre schauen, blickt er ins Röhrchen.

HARZER BROCKEN
Ein nur von den Eingeborenen des Harzes als Delikatesse deklarierter Ziegenkäse mit einer Kantenlänge von zwei Metern und einem Gewicht von einer Tonne. Seine in überschaubaren Grenzen rangierende Popularität mag mit der Transportproblematik zusammen hängen.

HASCHGEBÄCK
Süßes Traditionsgebäck aus dem rheinischen Karneval, das der Prinz beim Umzug am Haschermittwoch in einer großen Prinzenrolle mit sich führt und in die Menge wirft, die es dann versucht zu erhaschen. Literarische Erwähnung findet das Haschgebäck in Edgar Allen Poes unumstrittenen Werk «Der Untergang des Hauses Hascher». Darin schildert EAP in lebhaften Grautönen den Niedergang einer Bäckerdynastie, deren Produkte den Konsumenten immer mehr auf den Keks gehen.

HASCHISCH
Das Geräusch eines stark verschnupften Arabers.

HASENFUSS
Abnorme Deformation des Fußes. Die Nägel von großem und kleinem Zeh sind so lang gewachsen, dass der Fuß aussieht wie der Kopf eines Hasen.

HASENSCHARTE
Rillenartige Vertiefung im Fell des Hasen, das auf einen überstandenen Streifschuss zurück zu führen ist. Eine Verletzung, die nicht besonders erfreulich für das Hasentier sein mag, andererseits kann es damit im Kreise seiner Artgenossen ordentlich angeben.

HEIDEKRAUT
Übelriechender, von Konfessionslosen bevorzugtes Pfeifen-

oder Zigarettentabaksurrogat, bestehend aus fußgestampften Weißkohlstreifen. Manchmal ist es aber auch der starke Tobak, den einem Heiden erzählen, nur um einen davon zu überzeugen, dass ihr Glaube einfach der bessere ist.

HEIDSCHNUCKE
Schnuckeliges, konfessionsloses Mädel aus der Gegend um Hannover. Über diesen hochinteressanten Frauentyp wusste bereits der norddeutsche Heimatdichter Herman-Klön-Schnack folgendes zu berichten: «Bei Interesse nähere man sich der Heidschnucke kühn mit einem herzigen Heidschnack. Zumeist treibt sie sodann mit dem freienden Heidschmock Heidschaberschnack. Hat er Pech, ist er ihr heidschnurzegal, doch wenn er Glück hat, so erlebt er seinen Heidenspaß – die Maid zieht ihn ins Heidegras. Und wenn sie dann rücklings vom Himmel ins Heidekraut fällt, dann ist's eine rechte Sternschnucke»

HEIRATSSCHWINDLER
Eine Person, die andere Personen glauben machen will, dass mehr als 50% aller Ehen glücklich verlaufen. Bei Priestern, Steuer- und und Eheberater handelt es sich um professionelle Heiratsschwindler.

HEISSLUFTGEBLÄSE
Versicherungsvertreter, der sich beim Beratungsgespräch warm gequasselt hat. Auch in den Bereichen Kunst, Religion, Politik und Pädagogik finden wir häufig ausgezeichnete Heißluftgebläse.

HEIZSPIRALE
Verhütungsmittel für die kühlen Tage.

HERRENSLIP
Der verbale Ausrutscher des Mannes die Frau als solche betreffend. Eine komplette Auflistung populärer Herren-

slips würde den Rahmen dieses Lexikons sprengen. Deshalb beschränken wir uns im Hier und Jetzt auf einige ausgewählte Beispiele:

«Solange der Nagellack nicht trocken ist, ist eine Frau so gut wie wehrlos.» (Burt Reynolds)

«Es wäre toll, wenn der nächste Papst eine Päpstin wäre. Eine Papst-Audienz in Form einer Tupperware-Party würde den Menschen die Kirche endlich wieder näher bringen.» (Niclas van Göbel, deutscher Philosoph und Dichter)

«Frauen finde ich gut. Ich habe sogar eine geheiratet.»

«Die Frau riecht am besten, wenn sie nach nichts riecht.» (Cicero, Berufsrömer)

«Eher würde ich auf meine Frau verzichten als auf meine Freunde.» (Kevin Costner, nordamerikanischer Filmschauspieler)

«Frauen sind nicht in der Lage Tennisspiele der Männer richtig zu kommentieren.» (John McEnroe, nordamerikanischer Berufstennisspieler)

«Alle Gesellschaftsformen des Menschen basieren auf der Befriedigung elementarer weiblicher Interessen.» (Erik Ziemen, deutscher Zoologe und Verhaltensforscher)

«Frauen können Sachen, die Männer nicht können. Zum Beispiel einen Orgasmus vortäuschen.» (Urheber ist dem Verlag nicht bekannt)

HINDUKUSCH
Devote Reaktion eines gut dressierten Inders, der von einem weißen Touristen wegen irgendeiner Lappalie zusammengeschissen wird.

HITZKOPF
a) Der Streichholzkopf im Moment seiner Entzündung.
b) Ein Popfreak, der nur nichts anderes als die Top-Ten in der Birne hat.

HOCHMOOR
Veralteter Begriff für einen arroganten Zentralafrikaner.

HOCHSITZ
Die optimierte Hebung der weiblichen Brüste, erzielt durch Wonderbra oder Kopfstand.

HOCHSPRINGER
Ein Mensch, der sich richtig freut.

HOFNARR
Ein Immobilienmakler, der ganz verrückt auf Bauernhäuser ist.

HÖHENMESSER
Das Schneideblatt der Guillotine in Startposition.

HOHLKREUZ
Katholischer Flachmann.

HOLLÄNDER
Zangenartiges Werkzeug, das speziell für die Befestigungsmuttern einer Anhängerkupplung vorgesehen ist. Bei schweren Konflikten unter Handwerkern dient es gelegentlich als Wurfgeschoss («Fliegender Holländer»). Fast baugleich ist der Franzose, die Zange, mit der die Muttern des Dachbaguettehalters eines Fahrzeugs angezogen werden.

HOLZSCHUHTANZ
Das, was ein junger Holländer aufführt, damit ihm seine Eltern endlich sein erstes Paar Holzschuhe kaufen.

HORNHAUT
a) Schutzhülle oder Etui für Blasinstruments.
b) Scherzhaft für Kondom.

HOSENMATZ
Kleines jüdisches Fladenbrot aus ungesäuertem Teig für den kleinen Hunger zwischendurch. Dazu trinkt man Wein, vorzugsweise einen süffigen Gewürzrabiner.

HUBSCHRAUBER
a) Ein Gewichtheber, der durch fleißiges Training seine sportlichen Leistungen stetig nach oben bringen konnte.
b) Ein genervter PKW-Fahrer

im Stau, der seinen Frust durch immer heftiger werdendes Hupen abzureagieren versucht, darüber aber so in Rage gerät, dass der Stauberater zum Betäubungsgewehr greifen muss.

HÜHNERKEULE
Schwerer, meist mit Nägeln beschlagener Eichenknüppel, vom Landwirt zur Ruhigstellung hyperaktiver und unbotmäßig agierender Federtiere eingesetzt. Der Oberbegriff für Knüppel und Keulen lautet «Schlagzeug». Dazu gehört auch der Zylinderkolben und der Wanderstock, der in einer Gruppe reihum wandert. Dagegen bezeichnet der aus dem Mittelhochdeutschen entlehnte Begriff «Hühnerflügel» den Teil eines Schlosses, in dem sich die Legebatterien und die Laufställe befinden. Einen landwirtschaftlichen Betrieb, der sich der Hühnerzucht hingibt, nennen wir eine «Hühnerei». Analog dazu heißt eine Schweinezucht «Sauerei».

HUMMERKASTEN
Die sozialen Stände, die sich auch kulinarisch das Beste vom Besten leisten können. Singular: die Hummerkaste. (Siehe dazu auch KORINTHER.)

HÜHNERLEITER
Die Karriere des professionellen Geflügelentwenders. Wird er erwischt, drohen ihm bis zu zwei Jahre Flatterhaft. Der speziell für Hühnerdiebe vorgesehene Teil der Justizvollzugsanstalt heißt Hühnerflügel. In einigen Ländern der Welt droht ihm sogar die Flügelstrafe. Wird das von der Staatsanwaltschaft geforderte Strafmaß vom Richter drastisch unterschritten, kommt es nur zu einer Scherzhaft, die auch Zaghaft heißt.

HUMMEL
Von Chinesen und Japanern bevorzugte Aussprache des Wortes «Hummer».

HUMMELFLUG
Flugreise nach Hamburg.

HUNDEKUCHEN
Asiatische Fleischpastete, die in den Speisenkarten Hongkongs mitunter auch als Hotdog angepriesen wird. Zu einem Skandal kam es, als vor einiger Zeit ein Hongkonger Nobelrestaurant vom dortigen Ordnungsamt geschlossen wurde, weil im Hundekuchen Spuren von Hühnchenfleisch nachgewiesen werden konnten.

HÜPFBURG
Der stets verlässliche Auslöser für ein Freudentänzchen.

HURRIKAN
Ein kleines Boot, das schwer in Eile ist.

HUSKIE
Geräusch, das ein niesender Eskimo von sich gibt. Der arabische Nieser heißt Hadschi.

HYPOTHEK
a) Durch die Bank ein noch nicht abbezahlter, wuchtiger Tresen

b) Abgeleitet vom lateinischen «hippopotamus» = Flusspferd. Ein speziell für korpulente Kundschaft bzw. Rundschaft gedachtes Tanzlokal mit besonders stabilen Möbeln und verstärkter Tanzfläche.

DAS I

Das I ist der 9. Buchstabe des deutschen Alphabets und eine simple, nur mit einem einfachen senkrechten Strich flink herzustellende Angelegenheit. Sein kleiner Bruder benötigt allerdings noch einen Punkt, um 100%ig aussagekräftig zu sein. Im Gegensatz zum G-Punkt, auf den man erst in unserer Epoche stieß, war der I-Punkt bereits den Menschen des 14. Jahrhunderts geläufig. Vermutlich verwendeten sie ihn, um in einer Zeit, in der es drunter und drüber ging, wenigstens beim kleinen I klarzustellen, wo oben und wo unten ist.
Das I feiert Triumphe als Nationalitätenzeichen an der Kehrseite italienischer Autos und als effektvolles Klang-

mittel, um Widerwillen, Angst und Ekel auszudrücken. Wer «Iiii» quikt, der ist angepiekst und mag etwas ganz bestimmtes ganz und gar nicht. Er mag nicht ins hygienische vernachlässigte Dixiklo treten und er mag auch nicht den prächtigen, metallisch schimmernden Chitinpanzer der Kakerlake bewundern, die soeben aus dem Frühstücksmüsli hervorbricht.

Folgerichtig bezeichneten die Physiker mit einem I die Intensität einer Wirkung. Lassen Sie sich jetzt, sehr geehrte Blödsikon-Anwenderin, sehr geehrter Blödsikon-Anwender, von der Intensiven Wirkung von Wörtern faszinieren, die mit I beginnen.

IMPOSAND
Die vom betroffenenen Strandbesucher zumeist zerknirrscht zur Kenntnis genommene Tatsache, dass Teile des Strandes eine empfindliche Körperstelle befallen haben. Dagegen bezeichnet das englisch-deutsche Kompositum IMPOTENT ein undichtes Zelt, ergo ein Zelt, das im Arsch ist.

INDIGO
Ein südamerikanischer Regenwaldbewohner, der britzebreit ist.

INFRAROT
Ein quasi unsichtbarer, weil im Untergrund lebender Kommunist ist ein Infraroter. Dagegen ist ein im Untergrund lebender Erzbischof oder Kurienkardinal ultraviolett.

INLINE-SKATING
Das Gegenteil von Online-Banking. Bei beidem kann man mörderisch auf die Schnauze fliegen.

INSELWITZ
Eine Insel lächerlicher Winzigkeit.

INTERNET
a) Dinge, die sich in oder zwischen Netzen befinden: die Sachen im Einkaufsnetz, der Torwart, der Delphin im Schleppnetz eines japanischen Fischkutters.
b) Die stillschweigende Übereinkunft von Menschen einer Sparte, sich gegenseitig freundlich zu begegnen, selbst dann, wenn diese Unterdrückung zu chronischen Magengeschwüren führt.
c) Jemand, der stets versucht, zu jedermann lieb und freundlich zu sein. Zum Beispiel Therapeut, Gerichtsvollzieher, Versicherungsvertreter, der Papst oder Karl Moik.
d) Fachmesse der Fischer und Angle

DAS J

Herzlich willkommen zum 10. Buchstaben unseres Alphabets. Das J entspricht dem griechischen Jota und erinnert optisch an einen friesischen Regenschirm. Je nach Laune steht er am Auto für Jena oder Jaguar. In der Physik steht das J für Joule, in der Chemie für Jod und in Bayern für Jodler. Auch beim Rheinländer steht es, und zwar hoch im Kurs. Dieser benutzt es jenau jenommen bei jeder sich bietenden Jelejenheit als G-Ersatz. Det lässt sich aba in jewissa Weise ooch vom Berliner behaupten. Das J hat einen eher zickigen Charakter, denn im Gegensatz zu ausgesprochenen Kumpeltypen wie M oder T, die nicht selten als Doppelt-T oder Doppel-M aufauchen,

lehnt das J die Zweierkoalition generell ab. Resultat: es gibt kein Wort in der deutschen Hochsprache, in dem es als Zwilling auftaucht.
Das ist schade, doch die Vielzahl von griffigen und pfiffigen Wörter, die mit diesem Robinson-Crusoe unter den Buchstaben beginnen, tröstet uns spielend darüber hinweg.

JADEBUSEN
Die harte, aber schon leicht bemooste Büste einer Eisernen Jungfrau.

JÄGERMEISTER
Ein Tier, in dem der Jäger seinen Meister findet. Zum Beispiel, wenn er von einem angeschossenen und deshalb verstimmten Eber oder Jogger zur Strecke gebracht wird.

JÄGERZAUN
Ein hoher Zaun, der zwischen zwei Jagdgesellschaften gezogen, ein gegenseitiges Ausweiden verhindern soll.

JAMMERLAPPEN
a) Die Segel des Windjammers
b) Skandinavischer Nomade, der lauthals sein Schicksal beklagt. Häufigste Jammerlappenklage: die Rentierzucht rentiert sich nicht.

JODELN
a) Die Geräuschabsonderung eines Patienten, dem überreichlich Jod auf die Wunde geträufelt wird.
b) Das Träufeln von Jod an sich.
c) Beim Rodeln jubeln.

JOINTVENTURE
Symposium von mindestens zwei Kiffern, die über die bewusstseins- und kreativitätsfördernende Wirkungen des Haschinhaltsstoffes THC diskutieren wollen, es aber nicht schaffen, weil sie die ganze Zeit am kiffen sind. Bevorzugte Austragungsorte sind die sogenannten «Kyffhäuser».

JOYSTICK
a) Jede Art von Stock, der seinem Träger ein grandioses Glücksgefühl vermittelt. Der Taktstock von Justus Frantz, beispielsweise. Oder der Eierstock einer potentiellen Mutter. Oder das Schirmchen von ‹Charming Ernst August von Hannover›. Nicht zu vergessen der Opferstock von Kardinal Lefèvre.

b) Eine in der Toscana von deutschen alleinerziehenden Diplom-Pädagoginnen entwickelte Form des Selbstfindungs-Stickens. Seine Wirkung gilt als stigmatisch, doch traumatisch, wenn der Stickstoff ausgeht.

JUCKPULVER
a) Das allzu locker in der Hand des Zockers sitzende Geld.
b) Das von risikofreudigen Kindern aus Silvesterkrachern gewonnene Schwarzpulver, bei dem es alle juckt, es endlich abzufackeln.
c) Altertümlicher Begriff für Aphrodisiakum. Bei Wirkung kommt es zum Juckpulverhorn. Läuft danach nichts mehr, hat der Betreffende sein Juckpulver verschossen.

JUGENDSTIL
Die Art und Weise, in der Kids und Teens mit älteren Menschen umgehen. Zum Beispiel, wenn ein Mittdreißiger das Tanzlokal betritt und ein frisch gepiercter Pupertant gröhlt: «Schaut mal, jetzt kommen die Grufties zum Sterben sogar schon in die Disko!»

JUNGFERNFAHRT
Veraltet für Flitterwochen.

DAS K

Auf Platz Nummer 11 unserer ABC-Hitparade steht der harte, stimmlose Gaumenverschlusslaut K. Er eignet sich hervorragend zum Abkürzen von Wörtern wie Karat, Kilo, Kalium, Kaliber und Köln.
Als Zwilling formiert meint das K Dinge wie Kleinkaliber oder Kilokalorien und gelegentlich auch unser Nachbarland Österreich zu Sissy-Zeiten.
Bereits die Römer der Antike kannten den Buchstaben K, doch so richtig mochten sie ihn wohl nicht. Im Zweifelsfalle griffen sie viel lieber auf das C zurück. Das C sprachen sie dann, je nachdem wo es im Wort mit welchem anderen Buchstaben zusammenstand, mal wie Ka und

mal wie Zeh aus. Dummerweise machten sie aus dem «je nachdem» ein Betriebsgeheimnis. Da haben uns nun römische Bestsellerautoren vom Schlage Vergils oder Ovids recht lebhaft vor Augen geführt, wie toll es die Römer damals wirklich trieben, aber ob die Cleopatra ihren Latin-Lover mit «Shalömchen Zäsar» oder «Shalömchen Käsar» begrüßte, das haben sie uns verschwiegen. Bei den Wörter auf den folgenden Seiten sieht die Sache ganz anders aus: sie schreiben sich vorne mit K, sie sprechen sich mit K und sie lesen sich auch mit einem solchen. Mögen sie Ihnen Kurzweil bescheren!

KABELJAU
Das unbedingte Ja-Wort eines friesischen Autofahrers mit Getriebeschaden auf die Frage hin, ob er ein Abschleppseil benötigt.

KAISERSCHMARREN
Der verbale Schwachsinn, den Kaiser gerne von sich geben. Zum Beispiel der berüchtigte Spruch von Wilhelm dem Zwoten: «Ich kenne keine Parteien mehr, ich kenne nur noch Deutsche!»

KAISERSCHNITT
Das, was man als Manager eines Münchner Fußballvereins pro Jahr kassiert.

KAISERSLAUTERN
Das geräuschvolle Auf-sich-aufmerksam-machen eines Menschen, der unbedingt möchte, dass man ihn mit dem Satz begrüßt «Ach, Herr Kaiser, wie gut, dass sie kommen!»

KALENDER
Waidmannssprachlich für einen gänzlich geweihlosen Hirsch. In der Vorweihnachtszeit geschossen, nennt der Jäger ihn Adventskalender. Die aufgehängte Kopftrophäe ist der Wandkalender.

KALTMAMSELL
Schürzenjägerjargon für eine attraktive, aber auf den ersten Blick frostig wirkende Dame mittleren Alters, die aber, wenn man sie erst herumgekriegt hat, dabei so fröhlich zwitschert wie eine Amsel.

KANARIENVOGEL
a) Ein fröhlicher Geselle, der seine Urlaube ausschließlich auf Teneriffa, Fuerteventura oder Gomera verbringt.
b) Das, was man einem Menschen zeigt, der seine Urlaube ausschließlich auf Teneriffa, Fuerteventura oder Gomera verbringt.

KAPSTADT
Eine Ortschaft, die komplett von der Außenwelt abgeschnit-

ten ist. Isolationsgründe können sein: Ebbe (Venedig), Flut (Las Vegas) und Belagerung durch Indianer (Dodge City). Doch auch kulturelle, menschliche und architektonische Defizite können eine Stadt in die Isolation treiben. Kapstädte haben seit Alters her die Fantasie der Poeten beflügelt. So hat der Dichter und Philosoph Niclas van Göbel in seinem sterblichen Werk «Ruhm und Hohn» den Kapstädten der Welt ein Denkmal gesetzt:

«Die Innenstadt von Oberstaufen – ein prima Grund sich zu besaufen.»

«Wer Rio kennt und Bochum sieht, bemerkt sofort den Unterschied.»

«Es wäre schön, könnte man Wien nur irgendetwas überzieh'n.»

«Lobt man in Dortmund Bayern-München, bleibt nicht viel Zeit, sich was zu wünschen.»

«‹Es steppt der Bär› gilt nicht für Leer. ‹Es schlurft der Lurch› trifft es wohl mehr.›»

«Die Wissenschaft, die nimmt für Cannes besiedlungstechnisch Schiffbruch an.»

«Man nutzt im Städtchen Brüssel für Notdurft und TV die selbe Schüssel.»

«Wie schwer mir auch der Magen knurrt, ich speise nie in Klagenfurth.»

«Gute Gründe gegen Danzig gibt es etwa hundertzwanzig.»

«Glücklich sind in Aberdeen nur die, die schnell nach Glasgow zieh'n.»

«Man fürchtet sich vor Lüdenscheidt aufgrund der langen Halbwertszeit.»

«In Amsterdam sind Trachten schick mit Müsterchen aus Grachtenschlick.»

«Man wird die Reize von Graubünden in diesem Leben nicht ergründen.»

KAPUZINERKRESSE
Die grünen Flechten auf einem Parka, der lange in der feuchten Garage gehangen hat.

KARAT
Selbstverteidigungstechnik Amsterdamer Diamantenhändler.

KAROTTE
Ein lockere Gruppe männlicher Schotten, die in karierten Sonntagsröcken zum Pub bummeln.

KARTOFFELFERIEN
Der Urlaub einer Fritöse.

KARTOFFELPUFFER
a) Ein dicker, von Reibekuchen und Fritten gemästeter Mann, der ohne es zu wollen zwischen zwei Fronten gerät und auch keine Ahnung hat, wie er die Sache überstehen soll, ohne dabei seine dritte Portion Fritten fallen zu lassen.
b) Lautmalend für das Geräusch einer Pellkartoffeln, die in der Mikrowelle explodiert

KARTOFFELSTAMPFER
Jemand, der sich wutschnaubend vom Acker macht.

KÄSEECKE
Im Sauerland der Bereich einer Gaststätte, der für niederländische Touristen vorgesehen ist. Der Grund, weshalb das Sauerland Holländern so attraktiv erscheint, ist bekannt: das Sauerland ist ein Mittelgebirge und die Polkappen schmelzen weiterhin ab.

KÄSEGLOCKE
Eine niederländische Erfindung, mit der die teure Glokkenbronze eingespart werden sollte. Sie vermag zwar klanglich nicht zu überzeugen, aber zu jeder vollen Stunde entfaltet sie einen durchdringenden Geruch. Einmal im Kirchturm aufgehängt, unterliegen Käseglocken einem reziproken Prozess: während ihr Klangqualität, bedingt durch die progressive Austrocknung, immer besser wird, verschlechtert sich in ihrem Umfeld die Geruchssituation.

KASSENSCHLAGER
Das von Kassiererinnen bevorzugte Liedgut.

KASSENSTURZ
Eine Art Gehörsturz. Ausgelöst durch einen Blick in die Haushaltskasse am 30. eines Monats. Bei Wirtschaftsministern chronisch.

KATASTERAMT
Korrekte Schreibweise «K-Taster-Amt». Eine Behörde mit der Funktion, sich Dinge zu greifen, die mit dem Buchstaben «K» beginnen. Zum Beispiel das Finanzamt, dass es auf unser aller Knete abgesehen hat.

KATZENJAMMER
Im Gegensatz zum Windjammer das Segelschiff, auf dem Kätzchen das Fürchten lernen, weil es von Fußball großen Ratten bevölkert wird.

KATZENKLO
Das K. ist verwandt mit der Katzenwäsche, dem Synonym für eine eher wasserökonomisch durchgeführte Körperreinigung und steht für ein stilles und spartanisches Örtchen, dem wesentliche Attribute wie Kreuzworträtselheft und Klopapier fehlen.

KATZENKOPFPLASTER
Der vom Tierarzt angelegte Dachverband für eine Katze, die immer noch nicht hinter das Geheimnis von Glastüren gekommen ist.

KATZENSPRUNG
Der Riss oder Sprung, der durch Verkannten, durch falsches Stapeln oder durch unsachgemäßes Fallenlassen einer tiefgefrorenen Katze verursacht wird.

KATZENSTREU
Bezeichnet das Endprodukt einer meist unfreiwilligen Kontaktaufnahme von Katze und Schredder.

KATZENWÄSCHE
Die regelmäßige Reinigung der

Hauskatze. Oftmals nicht vom Tier erwünscht, trägt sie doch insgesamt zu dessen Wohlbefinden bei. Experten empfehlen einmal pro Tag eine eiskalte Handwäsche. Am besten mit Stulpenhandschuhen aus festem Rindsleder. Einmal pro Woche überlassen wir das Tier seinen Träumen in einem Baldrianwannenschaumbad und alle 3 Monate stecken wir es in die Waschmaschine, die wir auf Wollgang stellen. Sie werden sehen, danach fühlt sich das Tier zwar nicht besonders, aber immerhin wie neu an.

KAUGUMMI
Kondom mit Aromastoffbeschichtung. Beliebte Geschmacksrichtungen sind unter anderem Erdbeere und Banane. Im Moment des Überstülpens verwandelt es das Trägerorgan manchmal in einen Fruchtzwerg.

KEGELBRUDER
Der korpulente Verwandte ersten Grades, dessen Unter- und Mittelleib kugelförmig ist und nach oben hin spitz zuläuft.

KEGELROBBEN
Sammelbegriff für sämtliche Robbenarten, die bei den Eskimos für sportliche Freizeitaktivitäten herangezogen werden. Daher das in Eskimokreisen weit verbreitete Gedicht: «Der Kegelbruder, der auf Zack, kauft Robben stets im Neunerpack».

KERNSEIFE
Die Haupthandlung einer Soapopera.

KERZENLÜSTER
a) Ein Mensch, der sehr viel Freude an einer Kerze hat. Handelt es sich um einen männlichen Kerzenfreund, kann es zum Kerzenständer kommen.
b) Eine pyrophile Person, die darauf brennt, endlich den Adventskranz anzünden zu dürfen.

KERZENSCHEIN
Die Banknote, die beim Kauf einer neuen Zündkerze draufgeht. Beim VW ist das ein Zehner, beim BMW ein Zwanziger und beim Jaguar ein Fuffi.

KETTENHEMD
Das von Bergheimer Kioskbesitzern und Frisören zur Balzzeit getragene Oberhemd, das, im oberen Bereich offen getragen, den Blick auf Brusthaartoupet und Goldkette lenken soll.

KETTENSÄGE
Eine Frau, die ihren Beziehungskistenteiler dauernervt, weil sie neuen Halsschmuck haben will. Wenn dem Mann dann beim Grübeln darüber, wie er den das Kleinod finanzieren soll, der Kopf qualmt, handelt es sich um einen Kettenraucher.

KIEL
Der Teil eines Wasserfahrzeugs, der beim Einlaufen in die gleichnamige Hafenstadt genau von unten betrachtet nach oben zeigt.

KIMME
Waidmanns Wort für vergorenen Gerstensaft. Gern bestellt er in einer Kneipe das sogenannte «Jägergedeck», nämlich «Kimme und Korn». Jäger, die danach noch fahren müssen, bestellen sich dagegen ein alkoholfreies Bier und einen Schnaps.

KINDERARZT
Ein extrem junger Mediziner, der noch Milch an den Zähnen hat.

KINDERGELD
Geldattrappe. Zum Beispiel das Spielgeld für den Kinderkaufladen oder der Euro.

KINDERKARUSSEL
Das rotierende und fest ineinander verklammerte Knäuel von Kindergärtnerin und Kindergartenkindern, das dadurch entsteht, dass die Kindergärtnerin unvorsichtigerweise be-

hauptet, sie hätte die neuesten Pokémonkärtchen. In besonders schweren Fällen müssen die Kinder chirurgisch entfernt werden.

KIRCHENSCHIFF
Pietätlose Blasenerleichterung in einem Gotteshaus. Geschieht das Unfassbare im Zentralbereich des sakralen Gebäudes, sprechen wir vom sogenannten Mittelschiff, ereignet es sich im Vorraum, ist das ein «Raumschiff». Und an der Außenwand bei starkem Wind vollzogen heißt die Entleerung «Segelschiff».

KISSENSCHLACHT
a) Heftiges Streitgespräch im ehelichen bzw. beziehungslichen Bett.
b) Eine Hausschlachtung, bei der Bettwäsche als Schalldämpfer verwendet wird.

KITZBÜHL
Die ersten Brunftversuche des jungen, männlichen Rehs.

KITZLER
Waidmannssprachlich für ein Rehkitz männlichen Geschlechts. Kitzler genießen Schonzeit, bis sie alt genug sind gejagt zu werden.

KIWI
a) Gebräuchliche Abkz. für einen «Kiffwilligen», also eine Person, die einem spontanen Joint-Venture nur unter Protest aus dem Weg geht.
b) Neuseeländischer Kleinvogel, der einserseits flugunfähig, andererseits angenehm fruchtig schmeckend, kurz vor seinem Aussterben steht.

KLAGEMAUER
Die vom Ordnungsamt frisch überstrichene öffentliche Wand, an der die Graffitikünstler über ihre verlorenen gegangenen Werke jammern.

KLAMMERBEUTEL
Höfliche Umschreibung für einen nassen Sack.

KLAPPBETT
Ein ergonomisch erstklassig durchdachtes Schlafmöbel, in dem es immer wieder prima klappt. Ein linguistisch naher Verwandter ist das «Hochbett», ein Bett, in dem man solo oder in Gesellschaft rasch auf Hochtouren kommt. (Siehe auch Wochenbett, Himmelbett, Flussbett, Bachbett und Doppelbett. Bei letzterem handelt es sich um ein einfaches Feldbett, dass sich in den Augen des heimkehrenden Zechers verdoppelt.)

KLAPPERSCHLANGE
Der Teil einer Kinokassenwarteschlange, der sich winters outdoormäßig vor dem Kinogebäude staut und sich kollektiv einen abfriert. Das sommerliche Pendant heißt Luftschlange. In der verregneten Übergangszeit sprechen wir von einer Wasserschlange.

KLAPPSPATEN
Ein Gartengerät, dessen Stiel beim Umgraben jäh auseinanderbricht.

KLAPSMÜHLE
Leicht defektes Mofa, dessen Motor erst nach einem kurzen, heftigen Schlag anspringt.

KLAUS
Das, was ein polnischer Vater seinem Kind rät, das wissen will, wie man an Taschengeld kommt.

KLAVIERHOCKER
Volkstümliche Bezeichnung für einen Menschen, der unter der Zwangsvorstellung leidend ein Klavierdeckel zu sein mitunter wochenlang auf einer Klaviertastatur hockt. Um chronische Klavierhocker für sich zu gewinnen, nähert man sich Betroffenen am besten mit einem Staubtuch.

KLEIDERSCHRANK
Eine große, athletisch gebaute Tunte.

KLEINLASTER
Eine lässliche Sünde, die man sich nicht abgewöhnen kann oder will. Zum Beispiel Nasepopeln, Häschenwitze erzählen, Jodeln, Hunde mit Gin abfüllen.

KLIMAANLAGE
Die Veranlagung und Fähigkeit einer Region, Wetter hervorzubringen.

KLOBRILLE
Eine Sehhilfe, die einfach nur Scheiße aussieht. Oder eine unnötig stark gebräunte Sonnenbrille.

KLOBÜRSTE
Wenn uns in einer Autobahngaststättentoilette die chronisch missmutige Toilettenfrau die Herausgabe von Seife oder Toilettenpapier verweigert, haben wir es mit einer Klobürste zu tun. Ihr unrasiertes männliches Pendant ist eine Kloborste.

KLONDIKE
Was Sillicon Valley für den Informatiker, ist Klondike für den Genforscher. Also eine Art genetische Goldgrube.

KLOSCHÜSSEL
Satellitenschüssel minderer Rezeptionsqualität.

KNABBERRIEGEL
Volkstümlich für Gebiss. Die Größe des Knabberriegels variiert. So verfügen Zwergmaus und Mauereidechse über relativ kleine Futterluken, während Alligator, Breitmaulnashorn und Dieter Bohlen eine ziemlich große Klappe haben.

KNACKARSCH
Ein korpulenter Schlittschuhläufer auf dem See, der so wuchtig auf den Hosenboden donnert, dass die Eisdecke ein alarmierendes Geräusch von sich gibt. Nur selten entspringt es dem Reißen der Hosennaht.

KNIESCHONER
Ein großes Segelschiff mit sensationell geringem Tiefgang. Selbst in knietiefem Gewässer läuft es nicht auf Grund. (Siehe auch BILDSCHIRM-SCHONER).

KNOCHENJOB
Das, was ein Hund leistet, wenn er sein Knöchelchen von A nach B trägt, um es dann unter einer Hecke in der Nähe von C zu vergraben. Ein Hund, der Knochen verschmäht um viel lieber mit dem traditionellen Holz zu arbeiten, nennt man einen stockkonservativen Hund.

KNÖLLCHEN
Die beim Anblick einer hübschen Politesse einsetzende Erektion. Letztere kollabiert jäh, wenn Erstere sachdienlich auf dem Preis beharrt.

KOHLRABI
Ein jüdischer Geistlicher, der an heftigen Darmwinden leidend sein soziales Umfeld mit einbezieht.

KOHLROULADE
Der dicke Klops, den sich ein dicker Klops namens Kohl in immer dichter werdenden Intervallen leistet.

KOKOSMATTE
a) Traditionelle Frisur des Haitianers.
b) Eine von der Kokusnussernte völlig geschlauchte Pflükkerin.

KOLIBRI
Der von einer Horde Stabbakterien befallene französische Weichkäse.

KOLUMBUS
Das typische Nahverkehrsmittel der Stadt Bogotha. Dagegen verkehrt in Bamberg der Bambus und in Schlüsseldorf der Imbus.

KOMBINATION
Ein Land, in dem die Konsu-

menten PKW mit viel Stauraum bevorzugen – wem auch immer die gehören mögen.

KOMPASSNADEL
Die Nadel, von der man zwar annimmt, sie sei im Heuhafen, aber nicht weiß, in welcher Himmelsrichtung man suchen soll.

KOMPLOTT
Ein Apfel- oder Birnenkompott, das beim Einkochen komplett daneben geht, weil sich irgendwelche Bakterien dagegen verschworen haben.

KOMPOSTHAUFEN
a) Der bei der Telekom tagtäglich einlaufende Berg von Beschwerdebriefen
b) Der stumme morgendliche Hoffnungsschrei eines noch nicht ganz so bekannten Weltstars, den ersten nennenswerten Fanpoststapel herbeisehnend

KONDITOR
a) Eine große und schwere Tür, die sich nur mit exzellenter physischer Gesamtverfassung öffnen lässt.
b) Eine törichte Person, die unrealistische Bedingung stellt.

KONDOM
Aus Konkurrenzdenken errichtete Kathedrale, die der Nachbarstadt, die schon eine Kathedrale hat, signalisieren soll, dass man es auch kann.

KONTAKTLINSE
Gesellige Hülsenfrucht. Weniger cholerisch als die mit ihr verwandte Knallerbse und trotz aller Kontaktfreudigkeit bei weitem nicht so verdorben wie die leicht nuttig wirkende Saubohne. Ein Nebel, der so dicht ist, dass man die Brille vor Augen nicht sieht, nennt sich Kontaktlinsensuppe.

KONTRABASS
Ein Sänger mit tiefer Stimme, der entschieden gegen etwas ist.

KONTOAUSZUG
Wenn ein Bankvermögen aus steuerlichen Gründen das Land verlässt. Zum Beispiel von Deutschland nach Belgien.

KOPFHAUT
Jemand, der sich anschickt, gut gelaunt und frohen Mutes sein gesamtes Vermögen zu verprassen.

KOPFRECHNEN
Die hohe Erwartungshaltung der Kopfjägers auf Borneo beim Anblick eines Touristenbusses, der im Dschungel wegen einer Reifenpanne halt machen musste.

KOPFPUTZ
Die regelmäßige Haarpflege des Glatzköpfigen.

KORBSTUHL
Das dringend benötigte Sitzmöbel für einen Mann, dessen aufwendige Balz schließlich abwegig beschieden wird.

KORINTHER
Naschkatze bzw. Naschkater. Jemand, der die Rosinen aus dem Mürbchen puhlt und dann mit dem Rest die Tauben füttert, eine Person, die nur mit dem Besten zufrieden ist. Oscar Wilde war ein Korinther, Rudolph Mooshammer ist einer.

KORKENPROBE
a) Probe des Blasorchesters, welches aus Gründen des Schallschutzes mit verstopften Instrumenten spielt – was sehr schweißtreibend ist.
b) Bisstest, ob sich ein Korken als Verschlusssache eignet. Zum Beispiel als Sauerländer Taucheranzug; ein Korken für den Herren, zwei für die Dame.

KOTFLÜGEL
Ein beschissen klingendes Tasteninstrument.

KOTZTÜTE
Ein Joint hinterfragenswerter Qualität.

KRABBELGRUPPE
Lockerer Verbund von Mistkäfern an ihrem Arbeitsplatz. Der Mistkäfer, laut Professor Grizmek der nimmermüde Klomann unter den Tieren, ist ein Kerbtier bemerkenswerter Heiterkeit – und das, obwohl er im Grunde genommen ein Scheißleben führt.

KRAFTFUTTER
Nahrungsmittel, die nur unter großem körperlichen Einsatz ihrer natürlichen Verpackung entnommen werden können: Hummerfleisch, Schildkrötenrippchen, Alligatorleber.

KRAGENBÄR
a) Das weibliche Genital, das sich Fremdannäherungen gegenüber sehr zugeknöpft zeigt.
b) Ein agressiver Bär, der Zoobesuchern am liebsten an den Kragen möchte.

KRÄHENFÜSSE
Bei dieser nordfinnischen Delikatesse handelt es sich um die sauber vom Tier entfernten unteren Extremitäten, die mit Zwiebeln und Gartenabfällen in Essig eingelegt werden. Verzehrt werden sie traditionell mit geschlossenen Augen und nur ein einziges Mal. Die wenigen Finnen, die auf dieses Gericht wirklich abfahren, nennt man Fußfetischisten.

KRANKENKASSE
Im Supermarkt die Kasse, an der es nicht voran geht, weil sich die Kassiererin mit einer ihr bekannten Kundin intensiv über alle nur erdenklichen Variationen körperlichen Leidens unterhält. Folgerichtig kommt es in der minütlich anwachsenden Krankenkassenwarteschlange zu einem gesunden Hass.

KRANKENLAGER
Zeltlager der Neonazis.

KRATER
Jemand, der nach heftig durchzechter Nacht mit tiefer,

kratziger Stimme spricht, hat einen ausgewachsenen Krater.

KRÄUTERMISCHUNG
Das Resultat einer Kreuzung von zwei Kräutersorten. Zum Beispiel die aus einer Liaison von Thymian und Sellerie entstandende Tellerie. Andere küchenprominente Promenadenmischungen sind Bajoran, Thymfuß, Majobei, Thymlauch, Schnittersilie und Muskajoran.

KRÄUTERQUARK
Den Quatsch, den Botaniker sekretieren, wenn sie zusammen mit ein paar Flaschen süffigen Kräuterlikörs unter sich sind.

KRAWATTE
Die Watte, mit der man sich in Oberbayern den Kragen ausstopfte, um einen größeren Kropf vorzugaukeln. Der Kropf galt noch bis in dieses Jahrtausend in einigen Gebieten Oberbayerns als Status- und Schönheitsideal.

KREDIT-HAI
Synonym für Leih-Forelle, Stotter-Stör, Pump-Makrele, Leasing-Lachs, Raten-Rochen, Pump-Muräne und Borge-Barsch.

KREIDEZEIT
Für ABC-Schüler die Phase des ersten Kreidekontaktes. Der pädagogische Fachbegriff lautet Jura. Einen Menschen, der über diese Zeit nicht hinweggekommen ist, nennen wir Jurist.

KREISVERKEHR
Umgangssprachlich für den Koitus, bei dem es wirklich rund geht.

KREUZFAHRER
Ein Autofahrer, der sich auf einem Autobahnkreuz verfranst und den es mal in diese Richtung, mal in jene Richtung treibt. Nicht selten endet der Kreuzfahrer als Geisterfahrer.

KREUZSTICH
Gelingt es dem Kreuzfahrer

nicht rechtzeitig, sich der Anziehungskraft des Autobahnkreuzes zu entziehen, droht ihm der berüchtigte Kreuzstich. Folgeschäden eines solchen können sein: Kreuzschmerzen und Kreuzworträtselphobie.

KREUZOTTER
Die Besucherschlange in Oberammergau, die sich bei den Passionsspielen, auf den religiösen Showdown wartend, vor den Kreuzen drängelt.

KRIBBELN
Das Wort Krabbeln auf einer Schreibmaschine geschrieben, bei der das A fehlt. (Siehe auch KREBBELN, KROBBELN, KRÖBBELN, KRÄBBELN, KRUBBELN und KRÜBBELN.)

KROKETTE
a) Knuspriger Brätling aus Kroko- oder Alligatorenhack.
b) Floraler Halsschmuck aus Krokussen.
c) Eine offensiv operierende Diskobekanntschaft mit Handtasche und Stiefeln aus Kroko.

KROKUS
Kuss des Krokodils. In seiner emotionalen Wertigkeit ähnlich unterzubewerten wie die Krokodilstränen. (Siehe auch FISKUS und DISKUS.)

KRUMMHORN
Das Statussymbol einer Antilope oder eines Einhorns nach dem Vollkontakt mit einem Landrover.

KRUSTENECHSE
Ein kross gegrilltes Reptil, das am besten frisch zubereitet verzehrt werden sollte. Auf gar keinen Fall sollte man es wieder aufwärmen, da es dadurch noch giftiger wird.

KRUZIFIX
Spezieller Schnellkleber, mit dem der Küster den abgestürzten Heiland wieder ans Kreuz klebt. Hat er kein Kruzifix im

Haus, improvisiert er mit etwas Schnur oder Kordel. Das Resultat ist ein Fadenkreuz.

KÜBELWAGEN
Ein schlecht gefederter Geländewagen, der seinen Existenzsinn darin sieht, seine Passagiere früher oder später dazu zu bringen, mit dem Heringssalat zu gurgeln.

KÜCHENHOBEL
Mitglieder einer Wohngemeinschaft, die sich in der Küche dermaßen streiten, dass die Späne fliegen.

KÜCHENROLLE
Dralle und temperamentvolle Köchin.

KUCKUCHSUHR
Ein Chronometer, auf dem das Siegel des Gerichtsvollziehers prangt.

KUGELFANG
Altmodischer Begriff für Torhüter.

KUGELLAGER
Starke, englische und stark kalorienhaltige Biersorte. Nur wenig Alkohol enthält dagegen das Pfadfinderlager. Schiller, der große Dichter, Erfinder der gleichnamigen Lokke und Liebhaber des Bieres, schwor auf Wallensteins' Lager.

KUGELSCHREIBER
Jemand, der bei der Ziehung der Lottozahlen eifrig mitschreibt.

KUGELSTOSSEN
Der Koitus von mindestens zwei recht fülligen Partnern. Die Basis seiner solchen Körperverbindung bildet nicht selten das Kugellager.

KÜNSTLERKOLONIE
Der Teil der Strafanstalt, in dem die Geldfälscher untergebracht sind.

KUNSTRASEN
a) Unbegründetes Wutschnauben. Beispiel: Wenn Frau Dr.

Sigrid Löffler Herrn Marcel Reich-Ranicki ein Playboy-Abo zum Vatertag schenkt, mutiert Marcel zum Kunstraser.
b) Der formvollendete Sprint eines Joggers.

KUPFERSTICH
Wenn Biene, Wespe oder Skorpion einen Menschen stechen und sich die penetrierte Körperstelle danach rot-orange färbt, haben wir es mit einem Kupferstich zu tun. Gipfelt das Resultat in einer extrem großen, beulenartigen und knallroten Schwellung, spricht der Mediziner von einem sogenannten Scharlachberg. Die Grundsteinlegung dieser mechanischen Hautpenetration erfolgt logischerweise am Stichtag.

KURBELWELLE
Positive Verbraucherreaktion auf eine gezielte Werbekampagne.

KURPFUSCHER
Ein vor Gesundheit strotzender Kassenpatient, der sich eine mehrwöchige Heilbehandlung mittels fantasievoller Flunkereien erschleicht, und sich dabei schier krank lacht.

KURTISANE
Eine junge, nicht selten attraktive Dame, die vom Fremdenverkehrsamt mit dem Eintreiben der Kurtaxe beauftragt wurde. Nicht zu verwechseln mit ihrer Kollegin, die bei Feierlichkeiten im Kurhaus für Stimmung sorgt: die Partisane.

KUSCHELROCK
Ein Damenrock aus Wolle. Befindet sich unter diesem zu allem Überfluss auch noch eine Wollstrumpfhose, handelt es sich um einen sogenannten «Kilt», um einen Rock, der sämtliche erotische Attitüden binnen Nanosekunden abtötet.

KÜSTER
Geistlicher, der in einer Pfarrei seinen Dienst versieht, die direkt an der Küste liegt.

KUTTELN
a) Im maritimen Umfeld der sonntägliche Ausflug ins Blaue per Kutter.
b) Im Kloster das einmal im Jahr dringend notwendige Lüften der Kutten.

DAS L

Das L ist die Nummer 12 unseres ABC und steht bei den alten Italienern für die Zahl 50 und bei den heutigen Italienern als Kürzel für Lira.
Wir kürzen damit das Flüssigkeitsmaß Liter, die Briten dagegen das Pfund Sterling. Dem Chinesen, dem nur ungern ein Rrrr über die Lippen rollt, dient es als phonetisches Surrogat. Wenn wir von einem Auto gerammt werden, dessen Heck mit diesem Buchstaben verziert ist, können wir mit einiger Sicherheit davon ausgehen, dass es sich beim Fahrer um einen Luxemburger handelt und können aufatmen, da Luxemburger so gut wie immer eine gute Versicherung haben.

Ebenfalls eine sichere Bank sind die L-Wörter der nachfolgenden Seiten: ein wertvoller Wortschatz, den es zu erbeuten lohnt!

LABSAL
Kurzform für einen Veranstaltungsraum, in dem stark gelabert wird. Rund geht es dagegen im Kreissaal und modisch elegant im Schicksal zu.

LABSKAUS
Küchenlatein für einen kulinarischen Lapsus. Beispiel: zuviel Knoblauch im Apfelkuchen. Frittenöl jünger als 4 Wochen.

LAMMRÜCKEN
Das, was man tun muss, um ein störrisches Schaf aus dem Wohnzimmer in den Flur zu bekommen.

LANDESFAHNE
Der von Land zu Land variierende Odem des Alkoholkonsumenten. Eine Guinnessfahne deutetet häufig auf einen Iren hin, während der süßsaure Duft vergorener Stutenmilch auf einen Anwender mongolischer Nationalität schließen lässt.

LAS PALMAS
Die spanische Entsprechung zu «las knacken».

LASTERHÖHLE
Truckerslang für ein Lkw-taugliches Parkhaus.

LATZHOSE
Ein Mann, der durch nerviges Verhalten seinem Umfeld dermaßen auf die Nerven geht, dass es kurz davor steht, ihm eine vor den Latz zu knallen.

LAUTE
Das Gegenteil von einer Leisen.

LEBENSABSCHNITTSGEFÄHRTE
Der Partner, für den man bereit ist, gewisse Abschnitte im eigenen Leben zuzulassen.

LEBKUCHEN
Ein angegammeltes Konditorenerzeugnis, das sein Haltbarkeitsdatum dergestalt kühn überschritten hat, dass es als

Ballungsgebiet für diverse Mikroorganismen nicht nur dient, sondern förmlich nach ihnen schreitet.

LEDERALLERGIE

a) Jemand, der sich morgens im Bett mit dickem Kopf und Schuhen an den Füßen wiederfindet, hat vermutlich eine schwere Lederallergie.

b) Die Angst des Torwarts beim Elfmeter.

LEDERSTRUMPF

Romantisierte Romanfigur von James Fenimore Mini-Cooper, die nach einer tiefen Beinvenenthrombose einen Stützstrumpf aus Büffelleder tragen musste. Die Lederstrumpfgeschichten erschienen 1843 und wurden, allen Unkasrufen zum Trotz, ein Bestseller. James Fenimore Mini-Cooper, der auch dem von ihm erfundenen Minirock einen Teil seines Namens gab, gilt auch als großes Vorbild des deutschen Schriftstellers Karl May. Er wurde berühmt mit seinem Western «Das Gemächte des Inkas» und seinem Ostern «Unter Eiern».

LEERGUT

Abgesehen von einer Funktion als Werbeslogan einer ostfriesischen Ansiedlung steht dieses Wort auch für die Brautwerbung im Sauerland. Dort stellt der Freier den Eltern seiner Auserwählten abends einen Kasten Krombacher vor die Haustür. Ist der am nächsten Morgen leer, ist es gut, hat er ihr okay. Ist er noch voll, was nur selten vorkommt, macht er ihn halt selber leer und kauft sich vom Leergutpfand ein Pornoheft – sein gutes Pfandrecht.

LEICHTSINN

Der achte Sinn des Menschen. Der Sinn, der ein Näschen für leichtes Essen, leichte Getränke und leichte Mädchen hat. Das Gegenteil von Schwermut.

LEIHMUTTER
Das Gegenstück zur Leihschraube.

LEISETRETER
a) Einfühlsamer Kicker, der sehr sanft mit dem Leder umgeht
b) Stepper, der zu Hause aus Rücksicht auf die Nachbarn auf einer Steppdecke steppt.

LEITFADEN
Das Slangwort von Touristen aus Bochum für einen extrem schmächtigen Reiseführer.

LENKDRACHEN
Die Schwiegermutter am Steuer eines Fahrzeugs.

LENZPUMPE
a) Eine literarisch interessierte Person, die sich Bücher mit Titeln wie «So zärtlich war Suleiken» ausleiht.
b) Ein Demonstrant, der beim Ostermarsch eine ordentliche Packung vom Wasserwerfer verpasst bekommen hat und deshalb heftig nach Luft schnappt.
c) Der Polizist, der beim Ostermarsch den Wasserwerfer bedient.

LESEZEICHEN
Das Startsignal für die Weinernte. Von Region zu Region verschieden. Den betont lustlos arbeitenden Pflücker nennt man Weinbergschnecke.

LESSING
Eine Metalllegierung aus Lötzinn und Messing.

LEUCHTTURM
Ein sehr großer Mann, der sich entweder mächtig schämt oder zu lange auf der Sonnenbank gelegen hat.

LICHTSCHALTER
Lebewesen, die blitzschnell auf eine Lichtquelle reagieren. Zum Beispiel die Kakerlaken im Hotelzimmer. Aber auch der Einbrecher, der sich mit einem Hechtsprung aus dem

Kegel der Taschenlampe zu retten sucht.

LIEBSTÖCKEL
Bayerisches Wort für Massagestab.

LIEGENSCHAFT
Eine Gruppe von Touristen, die am Strand liegen und eine lose Gemeinschaft bilden.

LIEGESTUHL
Ein Haufen Probleme, der einem schon seit längerem stinkt und sich einfach nicht wegschieben lässt.

LIFTBOY
Sehr junger Schönheitschirurg.

LINSE
Schüchterne Spannerin, die nur zaghaft durch die Gardinen lugt.

LÖFFELBAGGER
Ein Mann, der einen flotten Hasen anmacht.

LOHNTÜTE
Ein Joint, der es wert war, geraucht zu werden.

LOTRECHT
a) Das Recht jedes Menschen auf eine gradlinige Antwort.
b) Das Anrecht auf saubere und präzise Arbeit bei einer Senkrechtbestattung.

LÖWENSENF
Kenianische, nur durch ihren Preis an Senf erinnernde Würzpaste, die den mehr als strengen Geschmack marinierten Löwenfleischs überspielen soll. Andere Quellen widersprechen vehement und behaupten, man brauche im Gegenteil ein gutes Löwensteak, um den Löwensenf zu verkraften. Löwensenf wird oft mit Möwensenf verwechselt. Das macht nichts, da beide zwar unterschiedlich teuer sind, aber fast identisch schmecken.

LÖWENZAHN
Die hohe Geschwindigkeit, die eine Großkatze aufwendet, um

mobiles Protein in den Griff zu bekommen.

LUFTIKUS
Outdoor-Lippenkontakt.

LUFTKISSEN
Synonym für «Furzkissen»: die orthopädische Sitzhilfe eines chronischen Sesselpupers. Beamte, Fernsehkritiker und Angehörige eines Bundestagsausschusses mieten für ihren Betriebsausflug ein Luftkissenfahrzeug an.

LUFTMATRATZE
Nymphomane Stewardess.

LUFTPUMPEN
Beim Tauchgang die Bitte um Amtshilfe. Mit einem international festgelegten Handzeichen bittet ein Taucher den anderen, ihn doch wenigstens für 30 Sekunden an seinem Mundstück nuckeln zu lassen.

LÜMMEL
Schreibweise von Kümmel, wenn man sich beim raschen Tippen um eine Taste nach rechts verhaut.

LUSTSCHLOSS
Das Vorhängeschloss am Keuschheitsgürtel. Er soll den besonders schlüsselreizvollen Mittelteil des Ritterfräuleins vor dem gefürchteten Rittersporn schützen. Der Keuschheitsgürtel heißt übrigens Keuschheitsgürtel, weil man beim Öffnen immer so ins Keuschen kommt.

LUSTSKLAVE
Ein Angestellter, der sehr viel Freude an seinem Beruf hat. Sein Arbeitsplatz ist das Lustzentrum.

DAS M

Dem M hat das Schicksal die Nummer 13 in unserem Alphabet zugedacht. Ein schlechtes Omen? Ganz im Gegenteil. Die Römer der Antike waren vom M derart begeistert, dass sie es zu ihrem größten Zahlzeichen ernannten. Wenn damals an der Via Appia ein römischen Gebrauchtwagen zum Verkauf stand (Modell Benhur, 4 ps, tiefergelegt), dann bedeutete das angehängte Pergament mit der Aufschrift M (VB), dass der Schlitten 1000 Sesterzen bringen sollte.

Es gibt also 1000 Gründe, diesen Buchstaben in Ehren zu halten. Zum Beispiel wegen seiner hervorragenden Leistungen im Straßenverkehr als Nationalitätskenn-

zeichen von Malta und als KFZ-Zeichen von München. Und weil er ein erstklassiger Kürzelbuchstabe für Maßeinheiten wie Meter und Millimeter ist. Außerdem: wenn man kein großes W hat, braucht man nur ein M aufs Kreuz legen und schon hat man eins.
Allerdings hat das M auch einen winzigen Haken: es ist ein Lippenverschluss. Das bedeutet für den, der ein einzelnes M sorgfältig artikuliert, dass er dabei aussieht wie ein Goldfisch, der nach Herrchen schnappt. Probieren Sie es doch einfach einmal vor dem Spiegel aus.
Sollten Sie zufällig kein Wort mit M zur Hand haben, dann bedienen Sie sich doch bitte auf den folgenden Seiten.

MAGENBITTER
Eine sehr schlechte Nachricht.

MAGERSTUFE
Im Gymnasiallehrerjargon fußender Begriff für die Schulklassen der Unterstufe, deren Allgemeinwissen eher mager ist.

MAIBAUM
Poetischer Ausdruck für eine saisonale Erektion.

MAISKOLBEN
Wichtiger Bestandteil des Ökomotors.

MAMMUTPROGRAMM
Das, was sich die Mammuts noch alles vorgenommen hatten, kurz bevor sie ausstarben. Es war einfach zu viel für sie.

MANDELBLÜTE
Scherzwort unter Medizinmännern für eine entzündete und angeschwollene Mandel.

MANDELENTZÜNDUNG
Die Temperatur, bei der auf der Kirmes gebrannte Mandeln heiß genug sind, um in Flammen aufzugehen.

MANDELSPLITTER
Fragmente einer lieblos durchgeführten Mandelresektion.

MANDOLINE
Technische Kombination von Mandarine und Violine, von der nur ein einziges Exemplar gebaut wurde. Das zerbrach leider beim Streit darüber, ob es ins Obstmuseum Langenfeld oder ins Instrumentemuseum von Idaroberstein ausgestellt werden solle. Der Klang beim Bersten des Instruments wird von der einen Hälfte der Beteiligten als süßfruchtig, von der anderen hingegen als vollbauchig bezeichnet.

MÄRCHENFIGUR
Eine Figur, von der man nur träumen kann.

MARIENKÄFER
Das mit vier bis sechs Nonnen

bestückte VW-Cabriolet auf dem Weg nach Lourdes, dessen Insassinnen tierisch gut drauf sind, weil sie soeben eine Marienerscheinung hatten und Karel Gott im Radio läuft.

MARIONETTE
Eine sympathische, umgängliche Frau mit Vornamen Marion. Ähnlich verhält es sich mit Annette, nicht aber mit Vignette und Kastagnette.

MARITIM
Wenn der Seemann zudringlich wird. Wenn er zum Beispiel beim Duschen einen Bordkameraden bittet, sich nach der Seife zu bücken, wird der Seemann maritim.

MARKENBEWUSSTSEIN
Der stille Stolz eines zackigen Philatelisten. Eine Motivmarke mit einem Aktbild nennt man auch Bärenmarke.

MARSRIEGEL
Der Äquator des Mars.

MARZIPAN
Ausgangsmaterial zur Herstellung von Marzipanflöte, Marzipanini, Marzipanoptikum und der Marzipantoffel und des Marzipanhas. Menschen, die diesen Stoff essen, sind Marzipanferkel.

MASKENBALL
Die Anonymität bevorzugender Rundkörper, der sich, um seine Form zu verbergen, je nach Bedarf als Kubus, Rhombus oder Pyramide maskiert.

MASSAGESTAB
In der römischen Armee der Zirkel hoher Offiziere, der vor allem für das körperliche Wohlbefinden des Oberkommandierenden zuständig war und im Falle eines sexuellen Notstandes des Feldherrn als sein Krisenstab fungierte. Zu Krisenstab siehe auch Hühnerkeule. Einen besonders korpulenten Feldherrn nannten die Masseure damals einen «Feldherrnhügel».

MASSANZUG
Die traditionelle Kluft des bayerischen Biertrinkers.

MASTGANS
Die Gans, die sich vom Flug Erholung suchend auf der Mastspitze eines Segelschiffs niedergelassen hat. Den Seeleuten galt sie früher als Glücksbringer, jedenfalls immer dann, wenn sie so lange sitzenblieb, bis der Smutje seine Flinte geholt hatte. Entflog sie vorzeitig, gab es wieder Fisch.

MASTSCHWEIN
Die arme Sau, die früher auf den Segelschiffen die Nachtwache im Mastkorb verbringen musste. Diese undankbare Aufgabe fiel meistens an denjenigen Matrosen, der Tags zuvor die Pizza mit extra viel Knoblauch hatte.

MATRONE
Weiblicher Matrose.

MATTERHORN
a) Beim Blasorchester das Jagdhorn, das etwas schwächer klingt als die anderen.
b) Schwyzerdütsch: das männliche Glied kurz nach dem Höhepunkt.

MAULTROMMEL
a) Ein zweitklassiger Perkussionist, der damit strunzt, am Schlagzeug besser zu sein als Ringo Starr.
b) Beim Boxkampf eine Serie blitzschnell aufeinanderfolgender in Richtung der gegnerischen Lippe ausgeführter Hiebe.

MAUSKLICK
Das leise, bedrohliche und finale Geräusch, das elektronische Geräte von sich geben, wenn eine Hausmaus (Zoologisch «Mus musculus») das Stromversorgungskabel durchgenagt hat.

MAYONNAISE
a) Das kalorienbombige Salatdressing aus Eigelb, Essig und

Öl, das zum ersten Mal in der südafrikanischen Mayoklinik an meist freiwilligen und an Bulimie leidenden Patienten ausprobiert wurden. Eine dem übergewichtigen Gourmet zu empfehlende Alternative ist die «Polonaise», eine Art polnische Mayonnaise, die ohne Eigelb, Essig und Öl auskommt bzw. auskommen muss.
b) Eine Tanzfigur, bei der die meist freiwillig alkoholisierten Tänzer eine lange Schlange bilden, die von einem Tanzmajor angeführt wird.

MEERBUSEN
Das, was strandlägerige, mitteleuropäische Touristinnen am Strand der mediterranen Sonne entgegenstrecken.

MEERENGE
Versorgungsengpass an Salzwasser.

MEHLWURM
Der jüngste Spross einer Bäckerfamilie.

MEILENSTEIN
Der Brillant, für den man noch lange sparen muss, von dem uns noch Lichtjahre trennen.

MEISENKNÖDEL
Italienische Spezialität, deren Popularität sich vor allem bei Ornithologen in fassbaren Grenzen hält. Der Kantinenkoch, der bei einem Ornithologenkongress «Meisenknödel» auf die Speisenkarte setzt, beweist damit Spatzenhirn.

MEISENRING
Eine Therapiegruppe von gleichgesinnten Menschen, die einen an der Waffel haben.

MICROSOFT
Ein ganz junges Weichei. Microsofties outen sich, indem sie sich zu Weihnachten kein Luftgewehr, sondern ein Poster von Mutter Theresa wünschen.

MIESMUSCHEL
Das in seiner akustischen Rezeptionspotenz krass mini-

mierte Ohr. Aber auch der Träger desselben. Prominente Miesmuscheln waren: 1) Ludwig von Beethoven, der so taub war, dass er dachte, er säße an der Schreibmaschine. 2) John Smith, der Kapitän der Titanic, der die Eiswarnung seines schwer aufgeregten Leichtmatrosen einfach nicht hören wollte. Wofür der Kapitän nach der Katastrophe karrieretechnisch auf Eis gelegt wurde.

MIKROPROZESSOR
a) Ein Rechtsanwalt, der sich auf Bagatellfälle spezialisiert hat.
b) Der Teil der Mikrowelle, dessen elektromagnetische Impulse dafür sorgen, dass der regennasse Pudel nicht nur trocknet, sondern auch nach dem Vorgang irgendwie kleiner erscheint.

MIKROWELLE
Die besonders feine Kräuselung einer Wasseroberfläche.

MINIBAR
Die physikalische Maßeinheit für den Druck, unter den Männer wie Harald Juhnke geraten, wenn der Nachschub nur zögerlich eintrudelt. 10 Minibar entsprechen in etwa 0,9 Millibar.

MINI-COOPER
Der tuntige Bruder von Gary Cooper, der seiner sexuellen Ausrichtung mit entsprechender Kleidung Gerechtigkeit widerfahren ließ.

MINIROCK
Ein von kleinwüchsigen Rocksängern geprägter, gitarrenlastiger Musikstil. Weit über ihre Wachstumsgrenzen hinaus bekannte Minirocker sind die Kleinkünstler Paul Simon (1.65), Chris de Burgh (1.63) und Peter Maffay (0.93). Als Urvater gilt der Londoner Straßenmusiker Little Richard. Sein Hit «Klein, aber Soho» löste seinerzeit eine Mikrowelle der Begeisterung aus.

MINISTER
Spezieller Benzinkanister für einen Mini-Cooper.

MINISTRANT
Eine kalte und mit Sand versetzte Spielart der Ministrone, die häufig in italienischen Strandrestaurants serviert, aber selten verzehrt wird.

MISCHLING
a) junge Kartenspieler, der mit Geben an der Reihe ist.
b) veraltet für Barkeeper.

MISSIONARSSTELLUNG
Aktionsdivergenz aufgrund eines Missverständnisses: Frau auf dem Rücken, Mann in Afrika.

MISTKÄFER
Ein Volkswagen nach der Kollision mit einem Dixiklo oder Güllefass.

MITTELFINGER
Der chronisch standorttreue Mittelstreifenbenutzer auf einer dreispurigen Autobahn, der wacker 60 fährt, obwohl 120 erlaubt ist, und dem wir beim Ausbremsen am liebsten denselben gönnen würden.

MITTELSTREIFEN
Zwischen drei parallel verlaufenden Streifen der zweite von rechts, bzw. der zweite von links.

MITTLERE REIFE
Bei Obst, Gemüse und einigen Tierarten der Zeitpunkt, an dem sie noch nicht ganz für den Verzehr geeignet sind.

MITWISSER
Wanze in der Kopfhaut.

MODEZAR
Der russische Romanovzar Nikolaus der Erste, der mit Aufkommen von Kommunismus und Bolschewismus sehr schnell aus der Mode kam und 1917 abdanken musste. Ihm und seiner ausgeprägten Neigung für Whisky widmete die irische Rockformation «Thin

Lizzy» den Song «Whiskey In The Jar».

MODUL
Der Betreiber einer indischen Zeitarbeiterfirma.

MOGELPACKUNG
Der Geschenkkarton mit allem, was der angehende Betrüger braucht: falsche Visitenkarten, Falschgeld, falsche Zähne, ungedeckte Scheckkarten sowie alle CDs von Franz Liszt. Aber auch die mit Kuhfladen gestreckte Fangopackung gilt als Mogelpackung.

MOLTOFILL
Italienische Sprachfloskel auf die Frage hin, ob das Essen denn wohl gut geschmeckt hat. Die korrekte Antwortet lautet dann: «Grazie, molto fill». Was soviel bedeutet wie «Danke, es liegt mächtig schwer im Magen!»

MONATSBINDE
Haltbarer Krawattenknoten.

MONOPOL
Ein Osteuropäer, der Single ist.

MONOTON
Einfarbiges, meist graues Töpfermaterial.

MOORHUHN
a) Ein dummes Huhn der Steinzeit, das trotz aller Warnungen die Abkürzung durchs Moor nahm, um dort von eben diesem verschlungen und nach ein paar Tausend Jahren mit der Unterstützung von Archäologen wieder ausgespuckt zu werden.
b) Ein Wasserhahn, aus dem nur braune Jorke tröpfelt.

MOOSHAMMER
Ein Werkzeug, das seit geraumer Zeit in irgendeiner Ecke unbenutzt herumliegt. Zwei häufige Gründe für einen Mooshammer: der Besitzer hat sich ein neues Werkzeug gekauft oder er lebt, im übertragenen Sinn, zölibatär.

MORCHEL
Spezieller Schnorchel der Taucher, die in sumpfigen Gewässern nach Moorleichen gründeln. Ein sehr langer Morchel ist ein Lorchel.

MORGENLATTE
Die Masse der anfallenden Tagesarbeiten, auf einem Zettel notiert und neben dem Teller platziert vom Lebensabschnittspartner.

MORTADELLA
Eine Tarantella, die so rasend getanzt wird, dass es zu kreislaufbedingten personellen Ausfällen kommt.

MOTORSÄGE
Extrem lauter und leistungsstarker Schnarcher.

MOZARTKUGELN
Mozarts präpariertes Skrotum, das in seinem Geburtshaus in einem silbernen Eierbecher ausgestellt ist. Es lockt jährlich Dutzende von Besucher nach Salzburg. Das Mozartbecken befindet sich dagegen auf dem Wiener Zentralfriedhof.

MUCKEFUCK
a) Musikerslang für einen Auftritt, der schwer danebenging.
b) Erotische Aktivitäten von Musikern und Groupies nach dem Konzert oder bereits währenddessen.

MULTIKULTI
a) Das Chaos im Hygienebeutel.
b) Das versiffte Chaos neben der Küchenspüle, das die Lebensgrundlage für Dutzende von verschiedenen Pilzkulturen bildet.
c) Ein besonders angesagter Rockkünstler.

MUNDHARMONIKA
a) Veraltete Schreibweise für eine junge Frau namens Monika mit starkem Bartwuchs.
b) Der Künstlername von

Monica Lewinsky, die während ihrer Zeit als Praktikantin von Ex-Präsident Clinton häufig Haare auf den Zähnen hatte.

MUNDWASSER
Die Flüssigkeit, die sich beim Menschen im Mund sammelt, der gerade vor einer dampfenden Schüssel mit knusprigem Entenbraten zerfließt.

MURMELTIER
Ein Vertreter des Tierreichs, den wir aufgrund seiner provokanten Rundheit als Fußball-Surrogat durchaus in Erwägung ziehen. Sehr beliebte Murmeltiere sind u.a. dralle Pudel und pralle Goldhamster. Obwohl das solchermaßen eingesetzte Tier einen beachtlichen Kick durchleben darf, reagiert es meistens mit betretenem Schweigen.

MUSKETE
Schweres Küchengerät zum Reiben von Muskatnüssen. Die männliche Küchenkraft, die beim Muskatnussreiben tierisch niesen muss, ist ein Musketier.

MUSTERGATTE
Ein stark tätowierter Ehemann.

MUSTERKNABE
Ein stark tätowierter Jüngling.

MUTANT
Ältliche Melkerin oder rentenreifes Cowgirl.

DAS N

Mit dem N, der Nummer 14 unseres Alphabets, kürzen wir Norden, neutrum und netto ab.
Rein optisch erinnert es an ein großes Z, dass um 90 Grad nach links auf den Zinken gefallen ist, doch haben Z und N nichts miteinander zu tun, es sei denn, es kommt in einem Wort wie Zinn, Zicken oder Zunft zu einem gemeinsamen Auftritt. Als Laut bezeichnet N den dentalen, vor G und K meist den Gaumennasal. Was natürlich weder mit Zahnarzt noch mit HNO zu tun hat. Aber es verhält sich so, dass die Zungenspitze bei der Bewältigung des Wortes «Gnu» beim N an die Zähne stößt, während sie bei Wörtern wie «Achtung» und

«Flanke» beim N kurz und zärtlich nach oben schwingend für phonetische Gaumenfreuden sorgt. Doch auch das Ohr wird häufig vom N beglückt, sorgt es doch dafür, dass es vielen Wörtern, die etwas Klangvolles bezeichnen, den rechten Swing verpasst. Spontan kommen uns Comic-Lautmalereien wie Pong, Gong, Dong, Ping, Ding, Kling und Rrrring in den Sinn.

NACHSCHLAG
Der unfaire Haken, mit dem der Boxer seinen längst k.o. am Boden verweilenden Gegner bedenkt. Quasi ein linker Haken.

NACKTSCHNECKE
Scherzhafte Bezeichnung für eine extrem langsame Stripperin.

NADELKISSEN
Duftkissen mit Fichtenodorama.

NADELÖHR
Das dänische Modewort für das Ohr des Punkers.

NADELSTREIFEN
Veraltet für Tätowierung.

NAGELLACK
Gleitcreme.

NAGELSTUDIO
Entweder Baumarkt oder kleines Bordell mit privater Atmosphäre. Das Antesten des Nagelstudios geschieht mittels einer sogenannten Nagelprobe. Im Baumarkt ist die Nagelprobe das als Geschenk gereichte kleine Sortiment an Stahlstiften.

NÄHMASCHINE
Eine dauermies gestimmte Person, die permanent den selben Laut der Negierung ausstößt. Vorsicht! Wenn man sie stoppen will, kann es zu einer schweren Negierungskrise kommen.

NASENPOPEL
Eine Person, deren Popularität auf einem charakteristischen Riechorgan beruht. Thomas Gottschalk, Mike Krüger, Pinocchio.

NASEWEISS
Michael Jackson.

NASHORN
Ein schlecht lackiertes Jagdblasinstrument mit Farbnasen.

NASSFORSCH
Jemand, der aus Spaßes halber oder professionell ein Ge-

wässer erkundet: der Meeresbiologe, der Wracktaucher, das Kind, das in den Brunnen gefallen ist. Ein berühmter Nassforsch war Kolumbus.

NATURBURSCHE
Volkstümelndes Synonym für Exhibitionist. Einer, der sich seiner Zielgruppe gerne so zeigt, wie ihn die Natur geschaffen hat.

NEBELHORN
a) Die Kopfbeule, die man sich holt, weil man im verqualmtem Raucherzimmer den Getränkeautomaten zwangsweise übersieht.
b) Die meist unfreiwillige Erektion des Mannes in der Sauna.

NEBELHORN
Nichtraucherslang für «Tabakspfeife».

NEBENBUHLER
Der Stellvertreter des Schlossgespenstes.

NERZ
Ein nasser März.

NETZHEMD
Schmächtiger Fischer oder Torwart.

NICHTRAUCHER
Geologischer Begriff für einen erloschenen Vulkan. In den meisten Fällen erleiden Vulkane heftige Rückfälle.

NIERENTISCH
Im Operationssaal der kleine, rollbare Tisch, der zur Zwischenlagerung später benötigter Komponenten wie Nieren, Leber, Blinddarm und Gehirn benötigt wird. Lebenswichtige und eilig benötigte Dinge wie Tupfer und Golftasche kommen auf den sogenannten Hecktisch.

NISTKASTEN
Der Karton, der lange Zeit im feuchten Keller an schattiger Stelle stand. Er enthält fast immer eine undefinierbare lila-

schillernde Pampe, die als Biotop und Futterbrei vieler interessanter Mikroorganismen dient.

NIZZA
Monegassische Zwergpizza mit einer Haltbarkeit von mindestens eine Jahr. Deshalb auch «Nizza quatro stationi». Misslingt sie dem Nizzabäcker dergestalt, dass sie dem Mülleimer überantwortet werden muss, heißt sie «Nizza al tonno».

NOBELSCHUPPEN
Kopfhauterkrankung eines Prominenten.

NONPLUSULTRA
Eine Nonne, die keinen Wunsch offen lässt, weil sie wirklich alles drauf hat: beten, beichten, bücken.

NOTAUFNAHME
Die Schallplattenaufnahme eines Interpreten, dessen Leben sich soeben durch einen finanziellen Engpass schiebt.

NOTEBOOK
a) Eine touristische Notbuchung: vier Wochen Malediven verwandeln sich wegen chronischer Überbuchung in ein Wochenende in Wuppertal. Der Reisende, der dies diszipliniert über sich ergehen lässt, beweist Notzucht.
b) Das Buch, das wir nur deshalb zur Hand nehmen, weil im Moment gerade nichts anderes Lesbares zur Hand ist. Im Hotel ist es die Gideons-Bibel aus dem Nachttisch, in der Therapiegruppe hingegen droht uns das aktuelle Werk von Hera Lind. Doch mit etwas Glück trifft uns nur die Autobiographie von Lothar Matthäus.

NUDELAUFLAUF
a) Der Zuschauerring um einen praktizierenden Exhibitionisten.
b) Die Menschenmenge vor einem Nudelgericht, die der Verhandlung beiwohnen möchten

NUDELGERICHT
Italienische Instanz, die Streitigkeiten in Nudelfragen klären soll. Zum Beispiel: Wieviel Schupf darf eine Schupfnudel haben? Darf sich eine fade schmeckende Nudel Fadennudel nenne? Darf man Lasakne auch mit «G» schreiben? Da das Nudelgericht öffentlich ist, kommt es vor dem Gebäude vor Verhandlungsbeginn regelmäßig zu einem großen Nudelauflauf.

NUDELHOLZ
Das Ausgangsmaterial für Nudeln des Typs «al dente».

NULLRUNDE
a) Wenn sich mindestens drei Menschen an einem Tisch zusammensetzen, deren Intelligenzquotienten addiert gerade mal so eben Zimmertemperatur ergeben.
b) Das Schreckenswort, das sich im Kopf eines Mannes bildet, der mehr auf Damen rubens'scher Fülle stehend bei einer Modenschau weit und breit nur magersüchtige Frettchen erblickt.

NUSSKNACKER
a) Scherzhaft für die viel zu eng sitzende Herrenunterhose oder das drastisch unterproportionierte Suspensorium des Eishockeyspielers. Es besteht aus einem elastischen Halteband und dem eigentlichen Schutzgehäuse mit den beiden symmetrisch angeordneten Nussecken.
b) In der Gastronomie eine Billigbockwurst mit harten Überraschungseinlagen.

NUTTE
Eine über und über mit Nutella besudelte Kutte. Um den dadurch bedingten Farbkontrast zwischen Trägerstoff und Aufstrich möglichst klein zu halten, führten viele geistlichen Orden braune oder schwarze Arbeitskleidung ein.

NUTZNIESSER
Ein Simulant, der eine Erkäl-

tung vortäuscht, um beispielsweise nicht zur Schule, ins Theater oder zu seiner Hinrichtung gehen zu müssen.

NUTZVIEH
Tiere mit geringer Lebenserwartung, die sich rasch abnutzen: Eintagsfliegen, Tontauben, Knallfrösche und Weihnachtskarpfen.

DAS O

Das O ist der 15. Buchstabe des deutschen Alphabets, der sich so hervorragend zur Abkürzung von Wörtern wie Osten, Oxygenium und Orangensaft eignet, dass Geographen, Chemiker und Onkel Dittmeyer dies immer wieder gerne tun.
Das O ist ein Vokal von sonorem Wohlklang und enormer Emotionalität. Es ist der Vokal des hohen Lobes und der Passion. Er entfährt uns immer dann, wenn ein inneres Hoch in perfekter Tatharmonie mit rückhaltloser Bewunderung ein phonetisches Ventil fordert. Wir denken an Dinge wie O Tannenbaum, O Happy Day, O Sole mio, Ozapft is und Ozon.

Mögen Ihnen, hochwohlgeborenes Lesewesen, die folgenden Vokabeln frohe Oho-Erlebnisse bescheren.

OBEN-OHNE-LOKAL
Eine Kneipe mit extremen Dachschaden. Ähnlich verhält es sich gelegentlich bei der Oben-Ohne-Bedienung.

OBERAMMERGAU
Einer der Größten Anzunehmenden Unfälle in Oberammer bei den dortigen Spielen. Z. B:
a) Der Jesusdarsteller fällt trunken vom Kreuz
b) Bayern wird von einem japanischen Immobilienmakler aufgekauft und dann an Baden-Württemberg weiter verscherbelt.
c) Der Jesusdarsteller verknallt sich in Pontius Pilatus.

OBERTON
Der Sprachstil des Kellners.

OBERWEITE
Die optimale Distanz zwischen Gast und Ober, die es Letzterem ermöglicht, Ersteren mit großer Überzeugungskraft zu ignorieren. Wird die Oberweite dagegen unterschritten, bleibt dem Ober eben nichts anderes übrig, als seine Oberschenkel in Bewegung zu setzen, um vermittels seiner Oberarme Schlachtplatten, Kinderteller oder das Tagesmenü in Richtung Gast zu stemmen. (Siehe auch FERNBEDIENUNG)

OBERWEITE
Die Mindestentfernung im Restaurant zwischen Ober und Gast, die es dem Ober ermöglicht, den Gast gänzlich zu ignorieren. Wenn dieses misslingt, weil es zu einer Bestellung kommt, schwingt der Ober seine Oberschenkel, überantwortet die Last des Tabletts seinen Oberarmen und macht sich, wenn's Trinkgeld zu spärlich ist, ins Oberhemd.

OBSTLER
Bayerischer, mit dem Ländler verwandter Volkstanz. Wird zur Sommerzeit im Garten auf heruntergefallenen Äpfeln,

Pflaumen oder Birnen getanzt. Was ein bisschen so aussieht, als wären die Tänzer trunken. Und tatsächlich kommt es nicht selten vor, dass ein Tänzer auf einem faulen Apfel ins Straucheln kommt, um dann volle Möhre auf seine Williamsbirne zu knallen.

OBSTPRESSE
Die Gesamtheit aller Fachzeitschriften, die sich dem Thema «Obst und Gemüse» verschrieben haben.

OFENPLATTE
Bezeichnung des Phonophilen, des Musikfreundes, für eine heiße Scheibe. Die von den Musikkritikern in der Luft zerrissene CD heißt Schlachtplatte.

OHRENSESSEL
a) Ein vom MAD, BND oder von einem eifersüchtigen Lebensabschnittspartner verwanztes Sitzmöbel. Die sitzende Person, die den Lauschangriff durchschaut und mit biochemischen Störmannöver beantwortet, heißt «Sesselpuper».
b) Jugendsprache für einen viel zu groß gebauten, ergo gruftigen Walkman.

OHRNER
Niederbayerisch für Hals-, Nasen-, Ohrenarzt. Oberbayerisch: Schmalzler.

ÖKOSTEUER
Das aus gepresstem Torf gefertigte, auch Umweltsteuer genannte Lenkrad des Tretautos.

OLE
Falsche Schreibweise von Leo.

ÖLFILM
Entweder ein Hollywoodschinken mit schmierigem Hauptdarsteller oder ein Werbespot für Sonnenmilch.

ONANIE
Negierende Antwort des bayerischen Mannes auf die Frage, ob er übertrieben häufig masturbiert.

ONE-NIGHT-STAND
Eine Marktbude ohne Aussicht auf kommerziellen Erfolg. Oftmals sind die zwei Faktoren Sortiment und Situation verantwortlich, wenn der Stand vorzeitig dichtgemacht werden muss. So wird zum Beispiel ein Stand mit delikaten Schweinswürsten und Grillhaxen selbst bei einem exzellenten Preis-Leistungs-Verhältnis einen schweren Stand haben, wenn sich der Standort des Standes innerhalb des islamischen Kulturkreises befindet.

OPIUM
Der sprachökonomische Ausdruck des Bedauerns eines Kleinkinds, das feststellen muss, dass sein Großvater soeben von dieser Welt in eine bessere abgereist ist.

OPTIMIST
Landwirtschaftliches Abfallprodukt besonderer Güte.

ORAL
Mündlich überliefert für Ural. Anal überliefert für Aral.

ÖRE
Eine Art Öse in der Möhre.

OREGANO
Japanische Kunst des dekorativen Papierfaltens. Einfältige Mitmenschen verwechseln gelegentlich Oregano mit Oregon, einem Gewürzkraut, oder mit dem US-Bundesstaat Orion. Gleiches passiert ihnen mit dem Wort Origami, das eine orientalische Sonderform der Vielweiberei bezeichnet, bei der die Frauen den Haremshalter ordentlich zusammenfalten dürfen, wenn er nicht regelmäßig seinen Pflichten nachkommt.

ORGELPFEIFE
Ein Kantor, der sein Instrument stümperhaft traktiert.

OSTERN
Das Gegenteil vom Western.

OTTO-NORMALVER-BRAUCHER

Ein mäßig engagierter Otto-Waalkes Fan, der nur an den wirklich relevanten Stellen lacht.

DAS P

Das P ist der 16. Buchstabe des deutschen Alphabets. Es muss sich als Konsonant durchs Leben schlagen und steht als Abkürzung in der Musik für piano (leise) und auf Gemälden für pinxit (hat gemalt).
Die vom P bevorzugten Biotope sind Wörter, die einen Vorgang bezeichnen, in dem es um rasch aufeinander folgende Bewegungen geht: zappen, steppen, heppen, kloppen, kappen, poppen, etc.
Hier nun in rascher Folge eine Auswahl von Wörtern, deren Bedeutung Sie immer schon wissen wollten, aber bisher nicht zu fragen wagten.

PACKEIS
Unvermittelt einsetzende frostige Stimmung einer lockeren Schar von Proleten, denen gerade jemand das Vögelchen gezeigt hat. Normalerweise geht es nach der sehr kurzen Packeisphase sehr heiß her.

PAGENSCHNITT
Das, was man als Hotelboy pro Woche als Trinkgeld kassiert

PAKETBOTE
Kompakt gebauter Laufbursche.

PAMPELMUSE
Das Motivation stiftende Wesen speziell für chronisch nörgelnde Künstler. Häufig leidet es an Zellulitis.

PANFLÖTE
Das Blatt, mit dem Peter Pan seinen Erzfeind Kapitän Hook beim Skat abzockte.

PANIK
Abgeleitet von dem italienischen Wort Panini-Panik: die Angst des Italieners, morgens beim Bäcker keine frischen Brötchen mehr zu bekommen.

PAPIERKORB
Der Brief an den Ex-Lover in spe. Diese gezielte Abfuhr endet meistens mit dem Wunsch «Lass uns gute Freunde bleiben».

PAPPEL
Ein feuchter Pappkarton mit wabbligen Wänden.

PAPPNASE
a) Abgeleitet von «Papp-Nasa». Scherzwort der amerikanischen Raumfahrtingenieure für die Leiter des russischen MIR-Projektes.
b) Eine Mensch, der seine Nase in etwas steckt, was ihn nichts angeht und der dann auch noch klebenbleibt.
c) Die mit Abstand preiswerteste von der AOK angebotene Nasenprothese.

d) Der Kosename von Michael Jackson.

PAPRIKASCHOTEN
Vor allem in Ungarn verbreitete Anekdoten schlüpfrigen Inhalts. Eine sehr populäre Paprikaschote ist die Geschichte von dem Bauern, der seine Frau zum zehnten Mal mit dem selben Nachbarn erwischt und sich schämt, dass er dessen Vornamen vergessen hat.
Die Witzforscher unterscheiden gelbe, rote und grüne Paprikaschoten. In den Gelben geht es um unanständige Sachen, die man mit Maiskolben machen kann, in den Roten um unanständige Sachen, die man mit Erdbeeren machen kann. Und in den Grünen werden farbenblinde Mitmenschen diskrimiert, die unanständige Sachen mit unreifen Strauchtomaten machen, weil sie die für Erdbeeren halten. Eine Grüne Paprikaschote ist also die ungarische Entsprechung des zentraleuropäischen Blondinenwitzes.

PARKETT
Der heiße Feger, der sich nackt in koketter Pose auf dem Holzfußboden räkelt, verhält sich parkett. Daher auch «splitterfasernackt».

PARKKRALLE
Gichtkranke Politesse.

PARKLÜCKE
Die Lücke zwischen zwei Wolkenkratzern, die von Städteplanern für eine Parkbank, 10 Quadratmeter Rasen und ein Rasen-betreten-Verbotsschild vorgesehen ist.

PARKSCHEIBE
Eigens für die Anwendung in urbanen Grünanlagen konstruierte Frisbee-Scheibe.

PARLAMENTSAUSSCHUSS
Rein personell das Letzte vom Letzten

PARTYSCHRECK
Wir unterscheiden den indivi-

duellen sowie den kollektiven Partyschreck. Der individuelle Partyschreck fährt zum Beispiel der Frau in die Glieder, die gerade feststellen, dass ihr Ehemann wider Erwarten auch anwesend ist. Vom kollektiven Partyschreck wird eine komplette Partypartie befallen, wenn unerwartete Umstände das fröhliche Treiben empfindlich zu mindern drohen: Springflut bei der Strandparty, Mückenplage beim Gartenfest, Erdbeben beim Straßenfest.

PAUSBACKEN
Die Gesichtsbacken eines Herren, dessen Hände den Backen einer Dame zu nahe gekommen sind, und die sich für den Kniff in den Hintern mit zwei blitzschnellen und kraftvollen Ohrfeigen revanchiert. Ihre Handabdrücke haben sich auf den Backen des Mannes abgepaust. Exakt zwischen den Pausabdrücken befindet sich dann meist ein dämliches Grinsen.

PAUSENCLOWN
Ein Clown, bei dessen Darbietung die Pausen zwischen Gag und Lacher so lang sind wie der Weg von Wuppertal nach Wladiwostock – sehr lang. Pausenclowns eignen sich hervorragend für spontane Wurfübungen.

PAUSENFÜLLER
Ein altmodisches Schreibgerät, das beim Schreiben seinen Tintenvorrat nur periodisch von sich gibt.

PAZIFIST
Englischer Begriff für den Ozean überquerenden Einhandsegler. Zusammengesetzt aus den Begriffen «Pazifik» und dem englischen Wort «fist», nämlich «Faust».

PELLERINE
Eine dralle Dänin am Strand von El Arenal, der es langsam dämmert, dass der Verzicht auf Sonnencreme ein Sparen am falschen Ende war. Warnt sie

daraufhin den Rest ihrer Reisegruppe vor den fatalen Folgen eines Sonnenbrandes, betätigt sie sich als Rotbauchunke. Der Zeitpunkt, an dem das Prophezeite Wahrheit wird, ist der Stichtag.

PERSERBRÜCKE
Iranische Zahnprothese.

PETTIKÜRE
Gegenteil von «Pettipflicht».

PFADFINDER
Altdeutsche Schreibweise für einen nörglerischen, depressiven Menschen, dem man nichts Recht machen kann und der aber auch alles fad findet. Die Vermutung, dass Pfadfinder Knaben sind, die in einer Art freundlicher Geiselnahme ältere Damen zum Wechseln der Straßenseite nötigen, ist absurd doch weit verbreitet.

PFANDFLASCHE
Jemand, der absolut nichts rafft, kapiert oder schnallt, bei dem aber noch ein Quentchen Hoffnung besteht.

PFANNENWENDER
Ein Zivi, der sich bei der Entsorgung von Stoffwechselprodukten ungeschickt anzustellen pflegt. Oftmals resultiert daraus der Schaukelstuhl.

PFEFFERKUCHEN
Die großvolumige Überraschungstorte, deren Hohlraum eine leichtgeschürzte Stripperin birgt, die nur darauf wartet, der Festgemeinde ihre Kirschtörtchen zu präsentieren. Die männliche Hilfskraft, die ihr beim Einsteigen geholfen hat, ist der sogenannte Tortenheber.

PFIFFERLING
Der kecke Triller der Piccoloflöte.

PFLASTERMALER
Ein monothematisch fixierter, bildender Künstler.

PHILISTER
Aus der Gastronomie stammender Fachbegriff für einen Kanister, speziell der Aufnahme von Pharisäer dienend. Letzterer ist eine Mischung aus heißem Kaffee und Cognac.

PIEP
Das Körpergeräusch eines sehr jungen Pupers, auch «junger Furzer» genannt.

PIERCING
Der Versuch der Genforscher, durch Manipulation des Erbgutes möglichst viele Kinder zu züchten, die so aussehen wie Pierce Brosnan. Kritiker des Piercing vertreten die Meinung, es sei einfach nicht in Ordnung, wenn neugeborene Babys 85 Kilo wögen und einen Viertagebart hätten; vor allem die Babys weiblichen Geschlechts litten darunter.

PIKTOGRAMM
Altes Gewicht der «Pikten», der heutigen Schotten. Fünfhundert Piktogramm ergeben ein Piktopfund, eintausend Piktogramm ein Piktokilo.

PILLENDREHER
a) Der nostalgische Apotheker, der seine Medikamente selber in liebevoller Handarbeit auf der Pillendrehbank herstellt.
b) Die häufig zu Komplikationen führende Verwechslung von zwei ähnlich aussehenden Medikamenten. Zum Beispiel, wenn eine Frau eine Kopfschmerztablette anstelle ihrer Pille einnimmt.

PINAKOTHEK
Eine für ihre Pinakoladas berühmte Cocktailbar, die sich besonders in Kreisen reiferer Handwerker großer Beliebtheit erfreut. Die alten Meister hängen dort meistens am Tresen herum.

PINKELBECKEN
Bademeister-Slang für Kinderschwimmbecken.

PINKELN
So tun, als ob man ein feiner Pinkel wäre und dabei kläglich scheitern.

PINSELÄFFCHEN
Im vorigen Jahrhundert der Vorgänger des heutigen Graffitikünstlers.

PIRMASENS
Im Gegensatz zu Nonsens und Kondens ein Wort, welches absolut keinen Sinn ergibt.

PISSNELKE
Scherzwort für die Plastikblume im Knopfloch des Scherzkekses, die auf Knopfdruck hin ahnungslose Passanten mit einem erfrischenden Wasserstrahl beglückt.

PISSTAZIE
Großwüchsige Cornifere, die diversen Säugetiergattungen als bewährte Anlaufstelle für die Entleerung der Blase dient.

PIZZATAXI
Im März 1998 oder im Juni 1967 konstruierte der italienische Ingenieur Salvatore Prusti ein in ökologischer Hinsicht revolutionäres Fahrzeug: ein Taxi komplett aus Pizzateig. Die ersten Kilometer der Probefahrt verliefen, allen Unkenrufen diverser Kritiker zum Trotz, zufriedenstellend, doch dann legte ein Platzregen den Erlkönig tiefer. Was Salvatore Prusti nicht davon abhielt, zwei Monate bzw. drei Wochen später einen Geländewagen aus Mürbeteig und schließlich sogar einen Linienbus aus Blätterteig zu bauen. Und jedesmal kam Regen dazwischen.

PIZZIKATO
Eine kleine, mit Katzenstücken belegte Pizza, die in Italien am Silvestermorgen traditionell als Katerfrühstück verzehrt wird. Das Klagen über eine misslungene Pizzikato heißt Katzenjammer.

PLANIERRAUPE
Ein unfertiger, doch höchst unternehmungslustiger Schmetterling, der eine stark frequentierte Straße überquert.

PLASTIKSPRENGSTOFF
Eine Skulptur, die auf brisante Weise provoziert.

PLASTIKTÜTE
Mit synthetischen Streckstoffen, zum Beispiel Gummibärchen, durchsetzter Joint.

PLATINE
In Ehren ergraute Blondine. Dagegen ist die Kantine eine blonde Studentin der Philosophie, die Mandarine eine sächsische und natürlich blonde Mantabeifahrerin und die Gelatine eine blonde Eisverkäuferin.

PLATTENSPIELER
a) Ein Autofahrer, der eine Reifenpanne simuliert. Zum Beispiel der Polizist in Zivil, der das Haus eines Verdächtigen observieren will und deshalb einen Vorwand für unauffälliges Verweilen benötigt.
b) Ein Kicker, der andauernd Bälle ruiniert, indem er viel zu fest zutritt.

PLATTWURM
Ein nonadulter Erdenbürger, der aufgrund einer frisch erworbenen Erkenntnis eine Phase ehrlicher Verdutzung durchläuft. Wenn beispielsweise ein sehr junger Knabe in Papas Playboyheften Bilder von nackten Leuten entdeckt, die keinen Schniedel, dafür aber oben herum zwei böse Beulen haben.

PLATZANGST
Das Gefühl einer Körbchen-16-c Trägerin, wenn sie einen Körbchen-12-a-BH ausprobiert.

PLATZREGEN
Örtlich stark eingegrenzter Regenschauer. Ringsum scheint die Sonne, aber auf den Sport-

platz, auf dem man gerade trainiert, schüttet es wie aus Kübeln hinab.

PLUSQUAMPERFEKT
Psychologische Bezeichnung für einen Menschen, der unter dem chronischen Zwang steht, besser zu sein als alle anderen.

POKÉMON
Ein Kunstwort, gebildet aus den englischen Vokabeln «pocket» und «money». Es bezeichnet ein kindwärts gerichtetes Produkt, das es auf dessen Taschengeld abgesehen hat.

POLARSTERN
a) Der Sauerlandstern der Eskimos.
b) Das kleine runde Ding vorne am Mercedes im Winter.

POLENTA
Schnelle Eingreiftruppe der italienischen Polizei, die zur Zeit der Ernte die Maisfelder vor illegalen Kolbenfressern schützen soll.

POLIZIST
Ein in grünes Tuch gewickeltes Abführmittel.

POLKAPPEN
Nordische Kopfbedeckung aus Elchfell oder Robbenspeck.

POLLENFLUG
Eine Luftreise nach Bangkok.

POLONAISE
Ein Konvoi oder Umzug von Autos eines ganz speziellen Modells. Bei der Mayonaise haben wir es dagegen mit dem Freudentanz südafrikanischer Chirurgen zu tun, den sie wegen einer gelungenen Herzverpflanzung aufführen.

POLSTERGARNITUR
Künstliche BH-Füllung.

POLTERGEIST
Der Obstbrand, der im Magen des Konsumenten für lebhafte Kontraktionen sorgt.

POOL-BILLIARD
Die in einem Schwimmbecken gespielte Billiardvariante, bei der die Kugeln auch außerhalb des Tisches versenkt werden dürfen.

POP-CORN
Viagra.

PORNOSTAR
Ein schwarzer Singvogel, der sich bei der Paarung gegen Vogelfutter filmen lässt.

POTTWAL
Ein Bewohner des Ruhrgebiets, der immer im Tran ist.

PRÄAMBEL
Das sächsische Wort für die Vorampel.

PRAECOX
Ein Apfelsorte, die lange vor der Zeit der Reife vom Baum fällt.

PRAKTIZIEREN
Wenn sich jemand mit zwei linken Händen vor dem Handwerken scheut.

PRELLBOCK
Zahlungsunwilliger Freier, der sich mittels Bocksprung oder Hammelsprung seiner finanziellen Verpflichtung entzieht.

PRIMITIV
Teils aus dem Italienischen, teils aus dem Legasthenischen stammend: die erste Schlechtwetterfront des soeben begonnenen Jahres.

PROPELLER
a) Ein Mensch, der den Standpunkt vertritt, dass Kartoffeln vor dem Verzehr auf jeden Fall zu schälen sind.
b) Ein kompromissloser Befürworter regelmäßigen Sonnenbadens.

PROSTATA
a) Der meist durch Blasen in ein Blasinstrument erzeugte Tusch, der einen feierlichen

Trinkspruch dramaturgisch aufwerten soll.
b) Der Sound des Krankenwagens, der Sturztrunkene von der Kneipe zum ambulanten Magenauspumpen verbringt.

PUDELMÜTZE
Eine bis zu zwei Tonnen schwere Strickkappe zur akustischen Temperierung hyperaktiv kläffender Pudel. Von der Konstruktion her identisch mit der Dackelkappe und dem Schäferhundschoner, aber nicht aus brauner, sondern aus weißer Wolle.

PUFFMUTTER
Im Kinofoyer die resolute Verkäuferin an der Pop-Corn-Theke.

PUFFOTTER
Die Warteschlange vor einem Freudenhaus.

PULLERN
Seemannssprachlich für allzu lässiges Rudern.

PULLMANNWAGGON
Ein Schienenfahrzeug mit luxuriös eingerichteter Herrentoilette.

PULLUNDER
Mit dem Holunder verwandtes Strauchgewächs, dessen Beeren harntreibende Wirkung zugesprochen werden. Die Pflanze steht wegen ihrer großen Beliebtheit bei Strauchdieben unter Naturschutz.

PULVERFASS
Bei privaten Promifeten gebräuchliche, scherzhafte Bezeichnung für die in der Mitte des Wohnzimmers stehende Kokstonne.

PUMA
Slangwort zeitgenössischer Kids für einen streng riechenden Turnschuh.

PUMP-ACTION
Der Aufwand, den man treiben muss, um geborgtes Geld

zurück zu bekommen. Das zum Zwecke der pecunären Rückführung als Motivator eingesetzte Gewehr heißt in England «Pump-Gun».

PURZELBAUM
Ein Baum, der regelmäßig von blasenschwachen Dackeln frequentiert wird.

PUSZTA
Landschaft in Zentralungarn, die für ihre jäh einsetzenden Landwinde berüchtigt ist.

PUSTEBLUME
Eine Zierpflanze, die einem den Atem vulgo, die Puste verschlägt. Zum Beispiel die Rosen, die der pakistanische Blumenmann einem in der Kneipe unter die Nase hält, damit unsere Atmungsorgane das übervolle Bukett an Pestiziden genießen können.

PUSTEKUCHEN
a) Bäckerslang für den Windbeutel.
b) Ein frisch serviertes Soufflee, das vor unseren Augen kollabierend zu schweren Depressionen führt.
c) Die Geburtstagstorte eines Geburtstagskindes um die 90, das zum Löschen der brennenden Kerzen ordentlich mit den Lungenflügeln flattern muss.
d) Ein mit Kerzen dekorierter Geburtstagskuchen. Nicht zu verwechseln mit dem ungarischen Pusztakuchen, dem ziegelsteingroßen Paprika-Pressling, der zum Würzen der Gulaschsuppe verwendet wird.

PUSTELN
Zaghaftes Blasen.

PUTZLAPPEN
Angehörige eines nordskandinavischen Nomadenstammes, die wegen ihrer Putzwut gefürchtet sind. Im Gegensatz zu den Topflappen, die bestenfalls ihre Töpfe* wienern, fegen die Putzlappen regelmäßig die Tundra, bohnern das Moor

und waschen ihre Rentiere zweimal täglich.

*(*Und das höchstens einmal im Jahr. Das ist dann auch der Grund, weshalb diese Töpfe «Eintöpfe» heißen.)*

PUTZTEUFEL
a) Der kleine, miese Poltergeist, der dafür sorgt, dass einem beim Absacker in der Bar permanent kleine Putzstücke von der Decke in den Caipirinha plumpsen.
b) Ein eitler Dämon, der sich für die schwarze Messe übertrieben fein in Schale wirft. Wirft er sich ein einen Persianer, haben wir es mit einem Pelzbub zu tun.

DAS Q

Das Q ist der 17. Mitarbeiter bei der Firma ABC GmbH&CO KG und rein optisch so etwas wie der Luciano Pavarotti unter den Buchstaben: es ist kugelrund und unten hat es ein Schwänzchen. Vielleicht weil Mathematiker große Spaßvögel vor dem Herren sind, benutzen sie das Q für ihr Leben gern als Abkürzung für das von Natur aus unrunde Quadrat. Ebenfalls bemerkenswert ist die Tatsache, dass das Q in der deutschen Sprache immer ein U im Schlepptau hat, ganz gleich, ob Quäker, Quark, Quelle oder Qualle.
Und das ist kein Quatsch, kein Quark und keine grauen Quantentheorie, sondern eine Tatsache; fast so unantast-

bar wie der Umstand, dass es sich beim Quäker um einen jungen Frosch, bei einer Quicke um eine kurze Gruppensex-Orgie und bei Quebec um einen kanadischen Hartkeks handelt. Weitere Unumstößlichkeiten folgen auf dem Fuß.

QUACKSALBER
a) Ein Tierarzt, der sich auf die Behandlung von Amphibien spezialisiert hat.
b) Ein Angeber, der bei jeder sich bietenden Gelegenheit darüber spricht, wieviel Kröten er hat.

QUARZ
Ein Quarkschnittchen bei Sandsturm.

QUATSCH
a) Das finale Geräusch eines Frosches in der Nanosekunde seiner Plättung durch ein Fahrzeug. Bei starkem Frost klingt das dann eher wie «Quarz».
b) Die Verschmelzung des Wortes «Quak» und der Lautmalerei «Flatsch» im nano-kurzen Moment der Verschmelzung von Frosch und Autoreifen. Ein akustischer Schnappschuss sozusagen.
c) Konditorenslang. Abkürzung für QUARKTASCHE

QUERFLÖTE
Eine von unkundiger Hand traktierte Blockflöte, die schräge Töne hervorbringt.

QUEUE
Manirierte Schreibweise der Königsallee in Düsseldorf.

QUOTIENT
Der Durchschnittspatient mit einem 08/15-Leiden, dessen Behandlung für den Arzt Routinesache ist.

DAS R

Das R ist der 18. Ritter unserer alphabetischen Tafelrunde: ein rechter Recke, der in der Mathematik den Rechten Winkel markiert, der Kraftfahrzeuge entweder aus Rumänien oder Regensburg kommen lässt und in den Sammlerkatalogen der Philatelisten und Numismatiker für «rarus» steht und somit «selten» bedeutet. Wo immer Menschen die gottgewollten Freuden einer Monarchie genossen bzw. genießen, steht das R für «rex» oder «regina», also für König oder Königin.
Aus phonetischer Sicht ist das R ein Poltergeist. Wenn dieser Rachenlaut als eine Art akustisches Einmann-Rollkommando auftaucht, dann rattert's und rollt's, dann

röchelt's und röhrt's, dann schnarrcht, knarrt und knattert es, dann rappelt's im Karrrton. Nun viel R-folg bei der Lektüre der folgenden Seiten mit r-quickenden, r-wähnenswerten und r-lernenswerten Wörtern mit R !

RADIERGUMMI
Ein aktiv integriertes Kondom beim Liebesspiel am Strand.

RADIUM
Ungebräuchlicher Begriff für ein Radischen, das sein Haltbarkeitsdatum überschritten hat.

RADKAPPE
Sturzhelm des Mountainbikers.

RAFFZAHN
a) Der Schneidezahn des Hamsters.
b) Ein verständiges Mädel

RAHMENHANDLUNG
Ein Geschäft, in dem Rahmen verkauft werden. Sogar exklusive Rahmen, also Rahmen, die aus dem Rahmen fallen. Wichtig ist, das die Rahmen nicht zu groß für die Bilder sind, weil sonst die Bilder aus dem Rahmen fallen. Überhaupt fällt die Kunst immer mehr aus dem Rahmen.

RAMADAN
Der Leistungsgrad, sprich «dan», beim Judo, dessen Leistungsträger seine Hose mit einem margarinefarbenen Gürtel vor dem Herunterrutschen bewahren darf.

RAP
Abkürzung für «Reimt, also prima». Aber auch Abkürzung für «Rentabel, also praktikabel». Ebenfalls schwarz ist der «Rappen», ein Pferd, das in Reimen wiehern kann. Das kommt zwar nur ganz selten vor, aber es ist gut, dafür ein Wort zu haben.

RASENMÄHER
Scherzhaft für ein Wolltier, das seiner Lebenslust mit dem Ausstoßen von «Mäh» Nachdruck verleiht und im Vorgarten gehalten die gesammelte Nachbarschaft zum Rasen bringt. Auch «Mähmaschine» genannt.

RASIERPINSEL
Künstlerjargon für einen stark in Gebrauch stehenden Pinsel, der sämtliche Haare verloren hat.

RAUPUTZ
a) Entweder der unter erschwerten Bedingungen ausgeführte Reinigungsvorgang, zum Beispiel das Staubwischen eines Hausstauballergikers, oder grob gefertigte Kleidung, die mehr kratzt als sie putzt. Führt das Kratzen zu Pickeln, nennt man diese Rauputzteufel. Ein nahestehender Begriff ist «Kopfputz», der einen platonische, nur mit einem eingebildeten «Kopftuch» durchgeführten Reinigungsvorgang meint. Mitunter auch die Stuckmenge bezeichnend, die die Zimmerdecke verlässt, wenn man in einer sanierungsbedürftigen Altbauwohnung die Tür zuschlägt. Und der Stuckateur, der monothematisch von seinem Arbeitsmaterial durchdrungen ist, leidet an einem schweren Putzfimmel.
b) Schmerzhaft scheuernder Schmuck. Zu besonderer Beeinträchtigung der Lebensqualität führt Rauputz in Form von Piercing im Intimbereich.

RAUPENPLAGE
Eine Panzerkolonne, die den einen Schrebergarten unter gänzlicher Ignoranz der Kieswege geradlinig durchrollt, gerät rasch zur Raupenplage. Beim Raupenkarussell auf der Kirmes, ist es der heftig vomierende Mitfahrer, der sich als echte Raupenplage entpuppt.

RECHTER HAKEN
Der Kleiderhaken, der neben einem linken Kleiderhaken hängt. Der linke Haken lässt aus purer Bösartigkeit Mäntel, Jacken und Hüte abstürzen.

REGENBOGEN
Der gedankliche Bogen, den wir bei der Urlaubsplanung um notorische Regengebiete wie Holland, Schottland und das Sauerland machen.

REGENPFEIFER
a) Jemand, dem schlechtes Wetter absolut nichts ausmacht.
b) Ein Dudelsackspieler, der

beim Open-Air-Festival einem Tiefdruckgebiet mit hohen Tönen trotzend tapfer an seinem Instrument ausharrt. Ebenso tapfer verharren seine Zuhörer, obwohl er ihnen ein wenig auf den Sack geht.

REGENWURM
Kleines Kind bei schlechtem Wetter.

REIBEKUCHEN
Standardrequisit von Clowns und anderen Komikern, das im Gegensatz zur klassischen Wurftorte nicht nur ins Gesicht eines Sparringpartners verbracht, sondern nach dem Aufschlag auch noch sorgfältig verrieben wird.

REIFENDRUCK
Die vom menschlichen Fuß überdeutlich wahrgenommene physikalische Kraft eines auf ihn kurzfristig einwirkenden Reifens, der zu einem viel zu dicht vorbeifahrenden Fahrzeug gehört. Ein Erlebnis, das psychisch und physisch stets einen tiefen Eindruck hinterlässt.

REINHEITSGEBOT
Ein ungeschriebenes Gesetz, demzufolge es sich einfach nicht gehört, nach der Fangopackung ungeduscht in den Whirlpool zu hüpfen.

REINHOLD
Ein frisch geduschter Unhold, der den Eindruck vermittelt, er könne kein Wässerchen trüben.

REISTAFEL
Eine in Ostasien, vor allem aber in Indonesien verbreitete Schultafel aus gepresstem Reis, die einer kleinen Pressspanplatte ähnelt. Zur Beschriftung dienen Stäbchen aus Bambus mit angekohlten Spitzen. Merke: Ohne Reis kein Fleiß.

RELING
Der Jungjäger, der scharf auf sein erstes Reh ist.

RENTE
Auf Laufgeschwindigkeit gezüchtete und flugunfähige Ente.

RENTIER
Jedes Tier, das besonders schnell läuft, weil es sich besonders lohnen könnte, schnell zu laufen. Das gilt für den proteinsuchenden Löwen, der einen Safari-Touristen verfolgt, ebenso wie für den anhänglichen Alligator, der auf der Suche nach einem Spielgefährten einem Floridaurlauber hinter her sprintet.

RETTICH
Die Kernfrage des Bademeisters im Ernstfall: im Falle eines Wasserfalls. Sie lautet: «Rette ich oder rette ich nicht?»

RETTUNGSINSEL
Der komplett von Wasser und Erdöl umgebene Landstrich, den wir sporadisch heimsuchen, wenn wir vom heimatlichen Regen und Umweltschäden die Nase voll haben.

RHEUMADECKE
Stoffdecke aus der Wolle eines Rheumas. Das Rheuma ist ein nicht zu enger Verwandter des Lamas und fristet auf den kargen Bergflanken des Himmalayas ein eher bescheidenes Dasein und sucht regelmäßig die Gärten der dort ansässigen Himmalayaner auf. In unregelmäßigen Intervallen kommt es zu einem extremen Populationsanstieg, zu einer regelrechten Rheumaplage.

RIESLING
Ein ganz kleiner Riese.

RIFFELBLECH
Im Mittelalter der Brustharnisch eines Ritters mit Waschbrettbauch.

RINDENMULCH
Unter der Borke der Birke wirkende Amphibie. Verwandt mit Teichmulch und Kammmulch.

RINDERWAHN
a) Die Angst alternder Torre-

ros, eines nahen Tages doch noch vom Stier auf die Hörner genommen zu werden.
b) Die sublimative Vorstellung von Kühen, dass der Mann mit dem großen Messer den Stall lediglich zum Zwekke des Kartoffelschälens betreten hat.

RODLER
Ein Jodler, der mehr röchelt als er jodelt.

ROHRDROSSEL
Die Hilfestellung der Pharmaindustrie in Form von Salben oder Pillen gegen einen vorzeitigen Erguss des Mannes, der im Volksmund auch «praecox» genannt wird.

ROLLEX
Ein sehr pummelige ehemalige Geliebte.

ROLLMOPS
Eine beinlose, rundliche Hunderasse, die zur Fortbewegung auf mitleidige Passanten und Fußball spielende Kinder angewiesen ist.

ROMANTIK
Eine Leseratte, die ganz verrückt auf Groschenhefte ist, hat einen Romantik.

ROMANZE
Eine emanzipierte Italienerin.

RÖMERTOPF
Tragbare Toilettenschüssel der Antike.

ROSTBRATWURST
Eine vor allem in Thüringen beliebte Wurstdelikatesse, deren erstaunlich hoher Anteil an Eisennitraten dazu führt, dass sie bei verregneten Grillpartys heftig oxydiert.

RÖSTI
Schwyzerdütsch für eine winzige Roststelle an einem Metallgegenstand. Ist diese kontruktionsbedingt nur mühsam zu erreichen, weil sie sich zum Beispiel hinter einem

Kühlerrost befindet, diktiert uns das Schwyzerdütsch ein «Muesli».

ROTBARSCH
Ein brüsker Kommunist.

RÖTELN
Etwas zaghaft rot einfärben. Zum Beispiel die Tischdecke beim Spaghetti-Bolognese-Essen und das T-Shirt beim Nasenbluten. Aber auch wer Masern hat, rötelt.

ROTKÄPPCHEN
a) Scherzhafte Bezeichnung für einen Glatzenbesitzer, der vor der Höhensonne eingeschlummert ist.
b) Ein purpurfarbenes Kondom.

ROTLICHTMILLJÖ
Die von Sekunde zu Sekunde aggressiver werdende Stimmung einer Fußgängergruppe vor einer Ampel, die schon seit einer halben Minute rot zeigt.

ROTWEIN
Ein Mensch, der sich vor Kummer die Äuglein rot weint. Berühmte Rotweine: Romeos Julia, Elektra, Käthchen von Heilbronn,

RUBBELLOS
a) Ein unerwarteter Lostreffer, dessen monitäre Auswirkungen so gewaltig sind, dass sich der frischgebackene Glückspilz ungläubig die Augen reibt. Sollte er seines Rubbelloses aus irgendeinem Grund verlustig gehen (Überfall, Waschmaschine) haben wir es mit einem «Rubbelloslosen» zu tun. Das ist dann für ihn ein schweres «Rubbelloslosenlos».
b) Das schwere Schicksal eines Radiergummis. Meist endet das Rubbellos ebenso tragisch wie der Parmesankäses: völlig aufgerieben.

RÜCKENWIND
Vornehme Umschreibung für Furz.

RUCKSACK
Das männliche Genital, das sich einer jähen und schweren Belastungsprobe unterzogen sieht. Zum Beispiel beim missglückten Bocksprung oder beim unfreiwilligen Spagat. Betroffene beschreiben den dabei auftretenden Schmerz als eine Art von Ruckzuck.

RÜCKSPIEGEL
a) Zauberspiegel im Märchen, mit dem an in die Vergangenheit schauen kann
b) Ein wöchentliches Produkt der Springerpresse, das ausgeliehen wurde und erstaunlicherweise wiederkehrt.

RÜCKSTRAHLER
Zoologischer Begriff für Säugetiere, bei denen der Strahl vom Körper weg nach hinten gelenkt wird. Ein plastisches Beispiel liefert der autistische Löwe im Zoo, der einen kleinen Lichtschimmer in seinen stahlgrauen Zellenalltag bringt, indem er ihm nur räumlich nahestehende Zoobesucher mit einer kleinen Urinprobe bedenkt.

RUDERBOOT
Dieses Wort begegnet uns gelegentlich im Märchen. Es bezeichnet einen Kurier, der wie verrückt mit seinen Armen fuchtelt, damit auch ja jeder mitbekommt, dass er wichtige Kunde trägt. Sachen wie «Schneewittchen hat die Zwerge vor die Tür gesetzt» oder «Der Drachen hat's schon wieder getan», aber auch «Bei Rübezahls hat's wieder Riesenkrach gegeben!»

RÜHRBESEN
Ein Haushaltsgerät, das bei seinem Eigentümer nostalgische Empfindungen auslöst. Zum Beispiel Harry Potters erster Besen. Oder der Dosenöffner, mit dem Verona Feldbusch kochen lernte.

RUINIEREN
Ganz ruhig und betulich

Wasser lassen. Gönnt man sich diesen Luxus zum Beispiel auf der EXPO spricht man von «exponieren». Zwischen «ruinieren» und «exponieren» besteht also ein großer Zusammenhang.

RUINIEREN
a) Kostspielige Spendernieren.
b) In aller Ruhe pieseln.
c) In einem heruntergekommenen Restaurant dinieren.

RUMKUGEL
a) Etwas Rundes, das irgendwo einfach nur herumliegt
b) korpulenter Mitmensch, der dem Zuckerrohrschnaps durchaus aufgeschlossen gegenüber eingestellt ist.

DAS S

Das S ist der 19. Buchstabe in unserem Alphabet. Als Großbuchstabe erinnert seine Form an einen kleinen Metzgerhaken. Zwar birgt dieser schwungvolle und stilvolle Konsonant einen Haken für Mitmenschen mit einem S-Fehler, doch das S lässt keinen hängen: weder den Chemiker, der das S braucht, um Schwefel abzukürzen, noch den Autofahrer, der mit einem Aufkleber zeigen möchte, dass er aus Stuttgart oder Schweden kommt. Einer der berühmtesten S-Benutzer aller Zeiten war Mr. Clark Kent, der sich als ehrenamtlicher Gutling in die Herzen der Menschheit schmeichelte. Wann immer Not am S-Mann war, legte Clark die Hornbrille ab, schlüpf-

te in seinen hautengen Blaumann mit dem großen S auf dem Brustlatz, um dann flink wie die S-Bahn rüber zum S-Markt zu fliegen. Dort wurden dann, je nach Auftragslage, Ladendiebe überwältigt oder die Aushilfen-auf- 620-Dollar-Basis zusammengestaucht, weil die den Cabernet Sauvignon für 4,95 Dollar aus dem Super-Sonder-Angebot schon wieder mit 6,29 Dollar etikettiert hatten. Sss … sss … sss … tut man doch nicht!

SACKHÜPFEN
a) Die durch einen stechenden Schmerz im Scrotum ausgelösten, heftigen Sprungbewegungen des Betroffenen. Ein Sackhüpfer, der sich tapfer zusammenreißt, ist ein RUCKSACK.
b) Das rasche, rhythmische und äußerst dynamische Marschieren einer schottischen Dudelsackkapelle. Die Motivation des Sackhüpfens liegt in der Erfahrung begründet, das bewegliche Ziele schwerer zu treffen sind.

SACKKARRE
a) Ein PKW, dessen Aufklebersortiment den Rückschluss auf einen Fahrzeughalter mit wenig vorteilhaften Charakter nahelegt: Ich bremse für niemanden! My Car is my castle!
b) Mit Rollen ausgestattete Gehstütze für das Skrotum eines Mannes mit Mumms.

SÄGEBOCK
Der Freier, der wenige Sekunden nach Vollzug lautstark seine metaphorische Verschmelzung mit dem Sandmännchen zelebriert.

SALAMITAKTIK
Wenn man mit der Wurst nach dem Schinken wirft.

SALATSCHÜSSEL
Konstruktiver Vorschlag der Grünen zum Thema Satellitenfernsehen.

SALZKAMMERGUT
Aufschrift auf der Prüfplakette des TÜV für sicherheitstechnisch unbedenkliche und einwandfrei funktionierende Salzstreuer.

SALZSTREUER
Bediensteter des Straßenamtes im Winterdienst.

SAMENBANK
Eine an einem lauschigen Platz positionierte Parkbank, die vor allem nachts gerne von jungen Paaren frequentiert wird.

SAMENERGUSS
Der Wortschwall, der auf den niederprasselt, der im Blumenladen einer katholischen Kleinstadt nach Haschischsamen fragt.

SANDALEN
Germanischer Volksstamm, der erstklassige orthopädische Schuhmacher hervorbrachte und im historischen Rahmen der Völkerwanderung in Europa eine Schneise der Verwüstung anlegte. Abgeleitet davon ist die gebräuchliche Redewendung «hausen wie ein Sandale», einen Menschen meinend, der alles mit seinem orthopädischen Schuhwerk zertrampelt.

SANDMANN
Das am Strand errichtete Gegenstück des Schneemanns.

SANDSACKSTELLUNG
Bei Soldaten beliebte Form des Liebesspiels. Es soll den gleichen Kitzel verursachen wie eine sandzarte Strandpaarung: It can't beat the peeling!

SANITÄTER
Jemand, der in einer Fremdwohnung Sachen aus dem Klo mitgehen lässt. Zum Beispiel den neuen Playboy oder die fast neue Brille.

SANSIBAR
a) San Sie bar? (Haben Sie Kohle übrig?) Die obligatorische Frage eines Wieners, bevor er sich anschickt, einem Touristen zwei oder drei Spanische Hofreitschulen, einen Doktortitel oder seine eigene oder irgendeine andere Mutter anzudrehen.
b) Physikalische Druckeinheit. (Siehe auch Millibar und Minibar.)

SARDINIEN
Sagenhafte Insel der Antike, auf der die Menschen dicht aneinander gedrängt in winzigen Büchsen lebten und sich gerne mit Öl einrieben.

SATELLITENSCHÜSSEL
Eine Salat- oder Suppenschüssel mit hübschen, bunten Raumfahrtmotiven.

SATTELSCHLEPPER
Ein Cowboy, dem unlängst der Gaul verschied.

SAUERLAND
a) Ein Land in Afrika oder Asien, dessen Regierungsspitze irgendwie schlecht drauf ist, weil ihr gerade gesteckt wurde, dass ein Nachbarland in diesem Jahr mehr Entwicklungshilfe bekommt.
b) Ein Land, dessen Bevölkerung eine Phase kollektiver Verstimmung durchmacht, weil die Nationalmannschaft versagt hat, die Benzinpreise explodiert sind oder weil es schon längere Zeit keinen saftigen Polit-Skandal mehr gegeben hat, über den man sich nach Herzenslust aufregen könnte.

SAXOPHON
Der über weite Strecken tragende Kampfschrei der Sachsen.

SCHABERNACK
a) Rekrut der US-Army, dem gerade beim Bataillons-Barbier der Nacken ausrasiert wurde.
b) Selbsternannter Spaßvogel, der im Winter Eiskratzer aus fremden Autos klaut. Psychologen mutmaßen, dass ein Schabernack schwer einen an der Eiswaffel hat.

SCHÄFERSTÜNDCHEN
Vermutlich von ironisch veranlagten Frauen mit Erfahrung kreiertes Wort für eine Zeitspanne von etwa 5 Minuten.

SCHALLMAUER
Ein anderes Wort für Klagemauer.

SCHALMAI
Ein grottenlangweiliger Mai.

SCHAMBERHAARUNG
Brusttoupet.

SCHAMLIPPEN
Der Mund eines Menschen, der sich nicht traut, die Wahrheit zu sagen.

SCHAMPOO
Ein sehr schüchterner Zeichentrickbär.

SCHARMÜTZEL
Eine Gruppe sich prügelnder Personen mit ausgefallenen Kopfbedeckungen. Zum Beispiel vierzehn Zwerge, die sich um ein Schneewittchen kloppen.

SCHATTENBOXEN
Die meist paarig vorkommenen Bestandteile einer Stereoanlage, die im dunklen Keller ihr Dasein fristen.

SCHATTENMORELLE
Ein mit der Forelle und Moräne verwandter großer runder Raubfisch, der in entlegenen Bergseen im Schutz großer Felsen auf seine Beute lauert. Es ist ein munteres, durchaus rigoros zuschnappendes Tier, von dem überlebende Angler sagen, dass mit ihm nicht gut Kirschen zu essen sei.

SCHAUFELDAMPFER
Ein stark transpirierender und heftig schnaufender Mann mit Schaufel beim Schnee schippen, beim Garten umgraben oder auf dem Friedhof beim Anlegen eines finalen, stillen Örtchens.

SCHAUKELPFERD
a) Gedoptes Rennpferd bei Seitenwind.
b) Seepferdchen in starker Strömung.
c) Das Pendant bei Hunderennen ist der sogenannte Wackeldackel.

SCHECKKARTE
Die Landkarte, mit der ein Wanderer, Rallyefahrer, Pilot oder Pauschaltourist scheckt, ob er noch richtig ist. Die um Rat gefragte Partnerin ist eine Schecke, manchmal eine lah-

me Schecke. Und die wichtigsten Informationen notiert man sich in einem Scheckheft. Gibt man nur vor, noch alles im Griff zu haben, spricht man von Scheckbetrug. Hat man sich hoffnungslos verfranst, ist der Scheck groß und man wünscht sich, Scheck lass nach und komm nie wieder, und verflucht laut sein schweres Schecksal.

SCHEIBENBREMSEN
Wenn etwas durch eine Glasscheibe in seiner Bewegung aufgehalten wird. Zum Beispiel der abrupte Stoppeffekt, wenn eine Möwe gegen die Glaskanzel eines Flugzeugcockpits knallt. Im Sommer erleben wir bei längeren Autofahrten das multiple Scheibenbremsen, das uns zu einer ansehnlichen Kollektion diverser Fluginsekten auf der Windschutzscheibe verhilft. Eine besonders niedlich anzuschauende Scheibenbremse liefert uns der Jogger, der auf eine automatische Glastür zusprintet und ihre Reaktionszeit stark unterschätzt.

SCHEIBENWISCHER
Altertümliche Bezeichnung für den Scratcher in der Diskothek.

SCHEINHEILIGER
Ein prominenter Mitmensch, dessen herausragenden Verdienste geehrt werden, indem man sein Konterfei auf Banknoten druckt. In den meisten Fällen ist es eine Person, die bereits das Zeitliche gesegnet hat und folglich den Schein hervorragend wahren kann.

SCHEINWERFER
Geldautomat.

SCHEINSCHWANGERSCHAFT
Die wundersame Vermehrung des Geldes. Probate und populäre Methoden, die unter Umständen zur Scheinschwangerschaft führen können, sind

Aktien, Sparbücher, Erbschaft, Steuerhinterziehung und Lotto. In letzterem Fall kommt es dann zur Lottoscheinschwangerschaft.

SCHEINTOT
Jargon der Banker für eine ungültige Banknote.

SCHERZKEKS
Ein kleines Gebäck, das mit einer speziellen Komponente einen humoristischen Effekt erzielen soll: zum Beispiel durch einen absichtlich komischen Geschmack oder eine eingebackene Schraube. Eine besonders gefürchtete Variante des Scherzkeks ist der «Glückskeks». Seine Außenhaut besteht aus einer Mehl-Zementmischung. Man hat also schon viel Glück, wenn es das Gebiss heil übersteht. Die Außenhaut umschließt einen kleinen Papierstreifen, der eine philosophische Botschaft transportiert. Der Sinn dieser Botschaften ist schwer überschaubar, da die Hersteller von Glückskeksen nicht nur am Mehl, sondern auch an professionellen Übersetzern sparen. So entstehen Aphorismen, an denen wir genauso schwer zu Knabbern haben wie am Keks selber und die uns nicht weniger schwer im Magen liegen. Hier einige Klassiker:
«Wer dass least ißt blod!»
«Reis ißt Mann mit Stäbchen, den Fish nimals mit Fishstäbchen!»
«Der Reiss ist heiß!»
«Genuk gelesen, iß endlisch den Käks, du dämliche nahch Käse stinckende Langknase!»
«Nahgch dem Schayßen, vor däm Essen, Handewawschen nischt värgessen!»
«Das ist die Rache von Hop-Sing!»

SCHICHTWECHSEL
Ruhrgebietslang für Sonnenbrand.

SCHICKERIA
a) Eine zeitgeistig zurechtgebrasselte Tussi namens Ria.

b) Das Chaos, das durch eine falsch adressierte Postsendung verursacht wird, die von Pontius nach Pilatus geschickt wird.

SCHICKSAL
Antiquierte Schreibweise für einen mondän gestalteten Raum.

SCHIERLING
Ein leptosomer Cheerleader.

SCHIFFERKLAVIER
In Clubhäusern schlagender Verbindungen das große Tasteninstrument, das gelegentlich zur Verrichtung des kleinen Geschäfts herangezogen wird.

SCHIFFSSCHAUKEL
Ein Mann, der beim urinieren heftig schwankt.

SCHILLERLOCKE
a) Ölig glänzendes Toupet.
b) Der Versuch eine Mannes, die im Restaurant angeflirtete Dame auf seine Bude zu locken, indem er ihr einen Rezitativabend mit relevanten literarischen Klassikern in Aussicht stellt («Zu Dir oder zu Shakespeare?») In München, Hamburg, Köln und Magdeburg hat er mit dieser Literatour eine Chance von Eins zu Tausend, in Bergheim, Wuppertal und Mainz eine Chance von Eins zu einer Million.

SCHIRMMÜTZE
Der ultimative Kopfschutzputz für Gesellschaftsfotografen. Die Kappe ist stahlgepolstert und bietet somit auch dann noch hinreichend Schutz, wenn Prinz August von Sachsen mal wieder die Kontrolle über seine Schirmherrschaft verliert.

SCHLAFANZUG
Ein Anzug, der Jahrzehnte in einem Kleiderschrank ein Schattendasein fristete, und jetzt, weil die Mode ihn wieder entdeckt hat, sein Comeback feiert.

SCHLAFWAGEN
a) Ein Rentnerbus auf der Heimfahrt von der freiwilligen Verkaufsveranstaltung, in dem über die Hälfte der Passagiere unter der Last ihrer freiwillig gekauften Rheumadecken erstickt sind. Dem entsprechend ruhig ist es an Bord.
b) Ein PKW, dessen Attribute bestenfalls ein Gähnen auslösen.

SCHLAFZIMMERBLICK
Der intuitive Riecher eines Innenarchitekten für die optimale Ausgestaltung des Schlafbereichs. Ähnlich verhält es sich mit dem Augenblick des Augenarztes, dem Silberblick des Goldwäschers und dem Dackelblick des Hundefängers.

SCHLAGBAUM
Ein Baum im Mai.

SCHLAGSAHNE
Gefrorenes Molkereiprodukt, groß genug, als Nahkampfmittel verwendet zu werden.

SCHLAMMASSEL
a) Eine Assel in der Fangopackung. Häufige Ursache für einen hohen Quitschlaut und ein gezieltes Zweiergespräch mit dem Geschäftsführer des betreffenden Beauty-Salons.
b) Scherzhaft für eine Mud-Wresslerin

SCHLAMMSCHLACHT
Die von sensiblen Öko-Bauern geleistete Sterbehilfe beim Schwein inmitten der beruhigend wirkenden Atmosphäre seines gewohnten Biotops.

SCHLAWINER
Schlagfertiger Österreicher.

SCHLEIMHAUT
Die meist auffällig geschmacklose Kleidung eines Arschkriechers.

SCHLEPPERBANDEN
Die Trossen, mit denen ein ganz bestimmter Schiffstyp am Hafenkai festgemacht wird.

SCHLEUDERTRAUMA
Schockähnlicher Gemütszustand, der in einem unerquicklichen Erlebnis mit einer Zwille wurzelt. Bereits die Bibel nennt einen schwer Schleudertraumatraumatisierten: den Riesen Goliath. Dieser wurde im Rahmen eines kompetativen Events von einem Schäfer namens David mit einem Kopftreffer aus der Vertikalen gezogen. Doch das Trauma ist nur von kurzer Dauer, denn David leistet Erste Hilfe, indem er mit seinem Schwert den betroffenen Bereich großzügig vom Patienten entfernt.

SCHLICK
a) gastronomische Abkürzung für Schaschlik
b) Kunstwort für einen schikken Schlips
c) Jiddisch für Schluck

SCHLICKWÜRMER
Kinder, die von Platzregen oder Springflut gänzlich unbeeindruckt in der Sandkiste weiterspielen.

SCHLIESSMUSKEL
Der berufsbedingt besonders kräftig entwickelte Hauptmuskel der Schliesserhand eines Nachtpförtners.

SCHLITTENHUND
Von den Eskimos gezüchtete Hunderasse mit Kufen statt Beinen. Sie dient speziell zum raschen Transport von Stöckchen und Knöchelchen.

SCHLITZOHR
Ein Ohrpiercingträger ohne Piercing.

SCHLÖNDORFF
Ein Nest, dessen Bewohner das Anmeldeformular für den Wettbewerb «Unser Dorf soll schöner werden» regelmäßig verschludern.

SCHLUCKSPECHT
Ein Specht, der heftig schlukken muss, zum Beispiel, weil

ihm blitzartig klar wird, dass er aus Versehen ein Starkstromkabel angezapft hat. Überhaupt stehen Schluckspechte recht häufig unter Stom.

SCHLUMPF
Scherzwort der Archäologen für eine Moorleiche.

SCHLUPFNUDEL
a) Beim Koitus das männliche Glied, das mehrmals hintereinander den Anschluss ans Schlupfloch verpasst.
b) Beim ersten Rendezvous beim Italiener das Spaghetto, das mit Sicherheit irgendwo landet, wo es nicht hingehört. Tomatensauce mit sich führend, kann es zu peinlichen Flecken im Gesicht, auf der grauen Hose oder auf der strahlend weißen Tischdecke führen. Ein uraltes Hausmittel hilft dagegen: Rotweinflecken.

SCHLUSSPFIFF
a) Im Rahmen einer Durchfallperiode: die letzte Sitzung
b) Meist vorwurfsvoller Laut einer Meise, die von einer Katze erwischt wird.

SCHLUSS-STRICH
Rentner-Kiez.

SCHMAROTZER
Jemand mit tropfender Nase, der permanent Tempos von seiner Umgebung schnorrt.

SCHMEISSFLIEGE
Wütend fort geschleuderter Herrenbinder. Auch Schleuderfliege oder Wurfbinder.

SCHMETTERLING
Ein schmächtiger Jüngling, der eine Arie so leidenschaftlich intoniert, dass es den Zuhöhrern die Trommelfelle bis in die Speiseröhre rammt.

SCHMIERENTHEATER
Seifenoper.

SCHMIRGELPAPIER
Ein schriftlicher Vertrag, über den sich die Ver-

tragspartner im Streit aufreiben.

SCHNABELTASSE
a) Das Gegenteil von Spucknapf. Synonymisch zu Saugnapf.
b) Lebhafter Mensch, der bevorzugt beim Kaffetrinken seinen Mitmenschen den Buckel volllabert.

SCHNABELTIERE
Sammelbegriff für Lebewesen mit losem Mundwerk.

SCHNAPSBRENNER
Der Ober, der zum Flambieren eingeteilt ist.

SCHNAPSDROSSEL
Sammelbegriff für potentielle, den Konsum bremsende Faktoren. Berüchtigte Schnapsdrosseln sind: der überaggressiv reagierende Personalchef in der Frühstückspause eines Atomkraftwerks. Oder die Kneipenbedienung, deren provozierende Langsamkeit zu einem unerwünschten Versorgungsengpass führt.

SCHNAPSIDEE
Angeblich war es ein irischer Mönch, der das Verfahrern zur Destillation von Alkohol erfand. Leider kann er sich nicht mehr daran erinnern.

SCHNAPSZAHL
Sowohl die mathematisch exakt erfasste Summe der hinter uns, als auch die der noch vor uns liegenden Körnchen in geselliger Runde. Dagegen bezeichnet die «Schlagzahl» die Anzahl der Schnapsportionen, die notwendig sind, um die Zecher für eine Kneipenprügelei in Stimmung zu bringen.

SCHNECKENHAUS
a) Das Eigenheim, dessen Tilgung nur sehr langsam vonstatten geht.
b) Ein Nonnenkloster.
c) Ein Zufluchtsort für von ihren Partner misshandelte

weibliche Exemplare der Gattung Helix pomatia

SCHNECKENKORN
Der Schnaps, der lästigen Schneckenpopulationen im Schrebergarten zum Bier gereicht wird. Eine Kombi, bei der selbst Weinbergschnecken völlig aus dem Häuschen geraten und das auch finales Schneckengedeck genannt wird.

SCHNECKTENTEMPO
Das nur zögerlich gereichte Papiertaschentuch.

SCHNEEBESEN
a) Flotter Skihase, heißer Feger. Ein Mädel, bei dessen Anblick sogar der eher polygam fixierte Skilehrer für Momente über eine feste Bindung nachdenkt.
b) Hausgerät zum Reinigen des Teppichboden nach der Prominentenorgie.

SCHNEE-EULE
Ein Kokser, der als Uhu-Schnüffler angefangen hat.

SCHNEEGLÖCKCHEN
Die Hoden des im Freien kopulierenden Jungeskimo. Bei großen, wuchtigen Eskimos auch Kühltasche genannt. Eisglöckchen treten häufig in Kombination mit einer Eisbeule oder einem Eiszapfen auf. Das Gegenstück davon ist die Gletscherspalte.

SCHNEEMANN
Konstantin Wecker alias Christoph Daum.

SCHNEIDBRENNER
Ein Mann, der ganz heiß darauf ist, endlich seinen Mut zu beweisen, es aber nicht darf. Zum Beispiel ein junger Torero, der ein Date mit seinem ersten Stier hat.

SCHNEIDEZAHN
Eine selbstbewusste, sexuell durchaus in Erwägung zu ziehende Frau, die einem beim Flirtgespräch leider immer wieder das Wort abschneidet.

SCHNEISE
Eine hoffnungslos eingeschneite, frierende Meise, bitterlich bereuend, nicht mit den Kumpels nach Spanien geflogen zu sein.

SCHNELLER BRÜTER
Baby mit tadelloser Verdauung.

SCHNELLZUG
Der Zug eines Spielers beim Blitzschach. Wie schnell ein Zug sein muss, um ein Schnellzug zu sein, ist relativ. In der Zeit, die ein durchschnittlicher Spieler für einen Schnellzug benötigt, reicht beispielsweise einem Genie wie Gasparrov, um drei komplette Partien zu gewinnen, die Tageszeitung zu studieren, drei Zuschauerinnen in den Hintern zu kneifen sowie 4 Stangen Filterlose wegzurauchen. Auch beim Rauchen arbeitet er mit Schnellzügen.

Das Gegenteil von Schnellzug ist der eher zögerlich ausgeführte Zug eines Spielers, der Bummelzug. Gründe für einen Bummelzug können sein: Temperaturen von unter 20 Grad minus, Bösartigkeit oder Tod.

Einen Bummelzug historischer Dimension leistete sich der Bochumer Karl-Wilhelm Erkenschwik bei einer Partie Briefschach mit dem Bottroper Jürgen Kraftcyk. Der schickte ihm im Januar 1929 eine Postkarte mit Springerzug B7-D7. Jürgen-Wilhelm kam über die Angst über den drohenden Turmverlust ins Grübeln. 1931 unternahm er eine Schiffsreise nach Panama, wo er sich endlich entschloss, seinen Antwortzug 1932 in Angriff zu nehmen. Auf der Rückreise versenkte ein Liebestoller Wal den kleinen Dampfer und Karl-Wilhelm strandete auf einer einsamen Insel im Südpazifik. Die Ruhe tat ihm gut und brachte Inspiration, die zu der Idee führte, die brillante Defensive gegen den gefährlichen Springer per

Flaschenpost zu übermitteln. Eine geeignete Flasche fand sich aber erst im Januar 1942, doch scheiterte sein Anliegen an einem Totaldefizit an Schreibpapier. Dann kam der Zweite Weltkrieg dazwischen. Beim Lärm japanischer und amerikanischer Flugzeuge war an Nachdenken nicht zu denken. Auch die mehrmalige Besetzung seiner, inzwischen zu seiner Heimat gewordenen Insel durch amerikanische Marineinfantrie zwang ihn zur Vernachlässigung seiner Schachpartie. Immerhin gelang es ihm beim Abschied, von einem Soldaten Kugelschreiber und Papier einzutauschen. Leider musste er dafür seine Flasche hergeben. Sein Schicksal änderte sich erst, als er 1982 vom Kapitän eines Walfängers, der Mitleid mit dem ungepflegten, alten Mann hatte, an Bord genommen wurde. 1988 landete Karl-Wilhelm im Hamburger Hafen, nachdem er seine Passage mit Kartoffelschälen und kleineren sexuellen Dienstleistungen auf Heller und Pfennig abbezahlt hatte. Ein Jahr später konnte er endlich seine damalige Freundin und ihren jetzigen Mann und dann sein geliebtes Schachbrett wieder in die Arme schließen. Keine drei Stunden später war die Postkarte mit dem Gegenzug (Turm F1-G1) im Briefkasten und die Partie konnte endlich weitergehen. Sein Gegenspieler Krafcyk konterte übrigens 1995 mit dem Bauernzug E-2 E-4 und man einigte sich 1999 auf ein Remis. Soviel zum Bummelzug.

SCHNICK-SCHNACK
Im Gegensatz zum Zick-Zack-Muster, einem Ornament, bei dem sich -zig Designer, die schwer auf Zack sind, wirklich Mühe gegeben haben, ist das Schnickschnackmuster eine flüchtige, belanglose, lieblos dahin designte Verzierung, deren optischer Reiz sich in überschaubaren Grenzen hält.

SCHNITTMUSTER
Das von verspielten Chirurgen liebevoll mit dem Skalpell gestaltete Ornament. Zum Beispiel sein kunstvoll ausgeführtes Monogramm in der Bauchdecke nach dem Kaiserschnitt. Sind die Linien unsauber geschnitten, spricht man von einem sogenannte Kunstfehler.

SCHNITZELJAGD
Die Verfolger eines Schweins, das sich, aus welchen Gründen auch immer, der Schlachtung zu entziehen sucht.

SCHONER
Der früher auf Segelschiffen gereichte Kaffee, der, bedingt durch immer stärker werden Bohnenmangel, im Verlauf des Törns immer dünner wurde.

SCHÖNSCHRIFT
Im Gegensatz zu Gutschrift, mit der etwas gut geschrieben wird, schreibt uns die Schönschrift etwas schön, was vielleicht gar nicht so schön ist. Das Paradebeispiel für eine Schönschrift ist der Reisekatalog. Dort lesen wir, dass sich das Hotel keine 500 Meter weit vom Strand entfernt. Was zutreffend ist, denn vom Hotel bis zum Strand sind es genau 18 Kilometer. Betonung auf «keine 500 Kilometer».

SCHOPENHAUER
Ein Zecher, der beim Frühschoppen einen Wein nach dem anderen einwirft und dabei seine gesamte Barschaft auf den Kopf haut.

SCHRANKWAND
Kurzform für die Eiger Schrankwand, einer Gebirgsformation in Österreich, dem Niemandsland zwischen Deutschland und dem ehemaligen Jugoslawien. Die Tatsache, dass es nur eine handvoll Bergsteiger gibt, die von der Gefährlichkeit ihrer Nord- und Südflanke, aber auch von ihrer West- und Ostflanke Zeugnis ablegen

können, hängt mit eben dieser Gefährlichkeit zusammen.

SCHRAUBZWINGE
Eine Frau, die ihre Schwiegermutter fest im Griff hat.

SCHRECKSCHRAUBE
Schraubenartiger Bolzen am Zünder einer Bombe, dem aus Gründen des Selbsterhaltungstriebs beim Entschärfen eines Blindgängers besondere Beachtung zuteil wird.

SCHRIFTVERKEHR
Veraltet für platonische Liebe.

SCHUBKRAFT
Physikalische Maßeinheit für den Druck, der in einer Warteschlange von hinten nach vorne ausgeübt wird, damit es vorne voran geht.

SCHUBLADEN
Geschäft, in dem Dinge verschoben werden, die irgendwo unbewacht herumstanden oder zufällig vom LKW fielen.

SCHUHPLATTLER
Scherzwort bayerischer Straßenarbeiter für den Presslufthammer.

SCHUPPENFLECHTE
Wir finden die Schuppenflechte meist an den von der Sonne vernachlässigten Nord- und Ostwänden älterer Schuppen, Remisen und Garagen. Solange sie noch nicht die Fensteröffnungen überwuchert, ist noch alles im «grünen Bereich». Die zur Entfernung der Schuppenflechte eingesetzte Reinigungsfachkraft ist eine «grüne Minna».

SCHUPPENPANZER
Militärischer Jargon für einen Panzer, dessen Besatzung ein kollektives Haarproblem hat.

SCHÜTZENVEREIN
Ein geselliger Verbund, der Fische, Wassermänner, Widder, Stiere, Zwillinge, Krebse, Löwen, Jungfrauen, Waagen,

Skorpione und Steinböcke grundsätzlich von der Mitgliedschaft ausschließt.

SCHWANGERSCHAFTS-TEST
Der vor allen bei heterosexuellen Paaren der unter gezielter Weglassung von Verhütungsmitteln vollzogene Koitus, mit dem man herausfinden will, ob die weibliche Akteurin fruchtbar ist.

SCHWARZFAHRER
a) Afrikanischer Busfahrer.
b) Chauffeur eines Bestattungsunternehmens. Synonym: Schwarzkittel

SCHWARZMALER
a) Ein Müller, der nebenher noch ein bisschen steuerfrei arbeitet.
b) Ein Künstler, der sich auf die Darstellung von Wildschweinen spezialisiert hat.
c) Scherzwort für Lackierer in einer Sargfabrik.

SCHWEBEBAHN
Eine Tapetenbahn, die sich aufgrund unterproportionierter Kleisterung sekündlich von der Zimmerwand zu emanzipieren droht.

SCHWEBEBALKEN
Der Donnerbalken in der Artistenschule.

SCHWEDENRÄTSEL
Die Summe der bis heute ungeklärten Fragen dieses geheimnisvolle nordeuropäische Land betreffend. Warum wird es dort im Sommer selbst nachts nicht dunkel? Wie kommt man nur auf die bescheuerte Idee, das Dynamit zu erfinden? Warum kostet ein Glas Bier in Stockholm soviel wie eine Stereoanlage in Warschau? Fragen, bei sogar führende Wasager versagten.

SCHWEINEHÄLFTE
Der Teil einer gemischt bewohnten WG, der von den Männern bewohnt wird.

SCHWEINEHUND
In der chinesischen Küche der Hund, der bei einem Versorgungsengpass an Schweinefleisch in Erwägung gezogen wird.

SCHWEIZER GARDE
Die schwer bewaffnete Eskorte beim Käsetransport. Üblicherweise sind es vier Gardisten, einer an jeder Käseecke.

SCHWERKRAFT
Ein physikalisches Phänomen, das so heißt, weil es sehr schwer zu erklären ist.

SCHWIMMBAD
Figur aus dem bekannten Märchenzyklus «1001 Nacht». Schwimmbad und Fußbad sind die Brüder von Sindbad dem Seefahrer.

SCHWIMMFLÜGEL
Das Klavier in einem Wohnung mit chronisch inkontinenten Wasserrohren.

SCHWITZFLECK
Ein Ort, an dem es verdammt heiß zugehen kann. Die sechs heißesten von ihnen sind:

Platz 6
Die rechte der insgesamt drei Telefonzellen am Wellington Square in Sidney-Mitte im Sommer um 13:24 Uhr Ortszeit.

Platz 5
Im Heizungskeller eines Sauna-Clubs die Stelle zwischen Brenner und Masseuse.

Platz 4
Im St. Pauli Stadion die Hamburger Fankurve, in der ein Irrläufer ein Bayerntor bejubelt.

Platz 3
Das Innere einer Moschee, in der ein Tourist eine Lokalrunde schmeißen will.

Platz 2
Bei einer Kernspaltung die Stelle direkt hinter dem Neutron.

PLATZ 1
Die New Yorker Bronxs, Ende Fifth-Avenue, wenn man an den brennenden Mülltonnen rechts abgebogen ist und von einer lockeren Gruppe Baseballschlägerträger gefragt wird, ob man schon gespendet hat.

SCHWITZKASTEN
Kleine Sauna.

SCHWUCHTEL
Eine Schwalbe, die aufgeregt mit ihren Flügeln fuchtelt.

SEEGANG
Das Überqueren einer geschlossenen Süßwasserfläche zu Fuß und ohne Wasserski.

SEEIGEL
Ein nicht stubenreines, auch Schweinigel genanntes Stacheltier, das überall in der Wohnung kleine Pfützen produziert. Pieselt das Tier dann ausnahmsweise nicht in Papas Puschen, sondern in die Botanik, haben wir es mit dem Blumenigel zu tun.

SEGELSCHONER
Ein Skipper, der das Boot lieber rudert.

SEHNENSCHEIDENENTZÜNDUNG
Die Rötung der Augen, ausgelöst durch den Abschied von einem lieben Menschen am Flughafen, Bahnhof oder vor dem Tor einer Justizvollzugsanstalt.

SEIFENBLASEN
Orale Stimulation des Partners im Schaumbad.

SEIFENSPENDER
Ein Kelly-Fan, der praktisch denkt – und schenkt.

SELBSTFINDUNG
Pfadfinder und Pfadfinderinnen, die an sich selber herumspielen, praktizieren Selbstfindung.

SELBSTLAUT
Ein lärmender Egoist.

SENDUNGSBEWUSST-SEIN
Tiefes Verständnis für das gerade laufende Fernsehprogramm.

SERAIL
Englisches Wort für eine Kombination aus Schiffs- und Eisenbahnreise.

SERIENKILLER
Ein Fernsehkritiker, der grundsätzlich etwas gegen TV-Serien hat.

SESAMÖL
Mit einem Spritzer dieses wundersamen Haushaltsöls gelingt es dem Helden aus dem Märchen «Ali Baba und die 40 Räuber» das eingerostete Vorhängeschloss außen an der Räuberhöhle wieder gängig zu machen. Danach begeht er ein schweres Eigentumsdelikt und ist nie wieder arm.

SESSELLIFT
Ein häuslich ambulant am gemütlich sitzenden Patienten durchgeführte Schönheitsoperation. Dabei ist es außerordentlich wichtig, den Teppichboden mit einer Malerplane abzudecken.

SEUFZERBRÜCKE
Eine Zahnprothese, die eine ordentliche Stange Geld gekostet hat.

SIEBENSCHLÄFER
Fachbegriff des Hoteliers für einen Gast, der exakt eine Woche bleibt.

SILVESTER
Silbrig glänzender, nur an hohen Feiertagen getragener Regenmantel der Seemänner.

SHALOM
Hebräisches Wort für den gelungenen Abfahrtslauf der Rabbis.

SINGLE- PARTY
Eine Feier, zu der keiner kommt.

SITZRIESE
Ein Mann, der sich ziemlich groß vorkommt, wenn er einen Sitzen hat.

SIXPACK
Die nordamerikanische Antwort auf die chinesische Viererbande.

SIXTINISCHE KAPELLE
Die aus im Vatikan stationierten Weihbischöfen, Priestern und Kurienkardinälen bestehende Band, die an hohen kirchlichen Feiertagen im Petersdom mit flotten Swingmelodien zum Tanz aufspielt. Besonders begehrt ist der Job als Posaunenengel.

SKATBRUDER
Ein Angehöriger eines katholischen Ordens, der nicht nur die Kunst der Gregorianischen Gesänge beherrscht, sondern auch mit der Gabe des Scatgesangs gesegnet ist.

SLIPEINLAGE
Spontane künstlerische Darbietung einer kärglich bekleideten Dame zwecks Auflockerung einer Party. Als sehr entkrampfend wird die Slipeinlage bei Betriebsfeiern und bei Junggesellenabenden, nicht aber bei Beerdigungen und Papstaudienzen empfunden.

SNOB
Ein Mob mit Schnupfen. Eine Gruppe mit Grippe, die einen Nichtinfizierten ausgrenzt, betreibt Snobbing.

SOEST
Die Antwort regelmäßig trinkender Westfalen auf «Prost».

SOLOTHURN
Altertümlicher eidgenössischer Begriff für eine sportliche Einzelertüchtigung.

SOMMERLOCH
Abschätzend aus männlicher Perspektive geführter Titel für

eine flüchtige Urlaubsbekanntschaft.

SONNENMILCH
Die Kaffeesahne, die auf der Restaurantterrassse schon seit Stunden in der Sonne geschmort hat und deshalb im Kaffee hochinteressante Klump-Strukturen hervorbringt.

SONNENUHR
Eine Uhr mit stark getöntem Deckelglas.

SONNENWENDE
Die vom Strandlieger periodisch durchgeführte 180-Grad-Drehung seines Körpers. Ziel der Sonnenwende, die auch Solarrotation genannt wird, ist eine möglichst gleichmäßige Verteilung des Sonnenbrandes.

SPACHTEL
Eine Wachtelart mit spatenförmigem, flachem Schnabel. Einen großen Spachtelschwarm nennt der Ornithologe «Spachtelmasse».

SPALTTABLETTE
a) Eine Pille, über deren Wirkungsweise man geteilter Meinung sein kann.
b) Vaginalzäpfchen

SPANFERKEL
Ein Schreinerlehrling, der mit den Hobelspänen herumsaut. Sei es, um die Glatze des dösenden Schreinermeisters mit zu dekorieren, sei es, um ihm Feuer unter dem Hintern zu machen. Der bei solchen Aktivitäten besonders unerfahrene Lehrling heißt Grünspanferkel.

SPANPLATTE
Der Servierteller beim Spanferkelessen.

SPARSCHWEIN
Ein mieser Raffzahn, der niemandem etwas gönnt.

SPARSTRUMPF
Anderes Wort für Netzstrumpf. Eine Beinhülle, die aus Gründen der Material-

ökonomie zum überwiegenden Teil aus Löchern besteht.

SPÄTBURGUNDER
Französischer Volksstamm, der es immer noch nicht begriffen hat, dass er bei allen anderen französischen Stämmen für seine Begriffsstutzigkeit berüchtigt ist.

SPECKSTREIFEN
Primär aus Pummelchen bestehende Polizeipatrouillen. Die gemischten Speckstreifen in den USA, die von schwarzen und weißen Cops gebildet werden, heißen Zebrastreifen.

SPEISERÖHRE
Ein schlauchförmig gestaltetes Restaurant.

SPEKTAKEL
Tumultartiger Streit um fettes Fleisch.

SPEKULATIUS
St. Spekulatius ist der Schutzpatron der katholischen Börsianer.

SPINATWACHTEL
Kosewort für Verona Feldbusch.

SPITZENKRAFT
a) Erfolgreicher Igel-Dompteur
b) Die Restenergie des Bergsteigers, mit der er den Gipfel erzwingt.
c) Vertreter einer Berufssparte, in der Spitzenhöschen zur Arbeitskleidung gehören. Zum Beispiel Models, Masseusen und Praktikantinnen bei Bill Clinton.
d) Personen, die zwecks Ausübung einer Profession oder Passion mit etwas Spitzem ausgerüstet sind: Fakire, Krankenschwestern, Satiriker und Fechtsportler.

SPITZWEG
Plötzliches Nachlassen der Erektion. Gründe für diesen Versteiffungskollaps gibt es viele. Hier die meistgefürchteteten:
a) Übermüdung.
b) Überalterung.

c) Einsetzen von Regen (Nur bei einer Outdoor-Paarung von Relevanz)
e) Der Ehemann der Partnerin, der im Schlafzimmerschrank geräuschvoll nach seiner Golftasche fahndet.
e) Der Dobermann der Partnerin, der ins Bett hechtet, um nach dem vermeintlichen Stöckchen zu schnappen.
f) Die Partnerin legt eine Dieter-Bohlen-Scheibe auf.
g) Ameisen (Nur bei einer Outdoor-Paarung von Relevanz)
h) Plötzliches Auftauchen einer Jagdgesellschaft mit Dobermännern. (Nur relevant bei der Waldbalz)
i) Völlig überzogene Preisvorstellung der Partnerin.
j) Die Partnerin hat ein Dieter-Bohlen-Portrait als Tattoo auf einer Pobacke (Eventuell durch Stellungswechsel zu kompensieren)

SPLITTERNACKT
Zustand eines Frankfurter Kranzes, bei dem alle Mandelsplitter weggeknabbert sind.

SPORTMUFFEL
Ein Mensch, der beim Laufen, Fußball oder Tennis ungewöhnlich schnell zu transpirieren beginnt und dabei sehr streng riecht.

SPOTTDROSSEL
Der mentale Bremsklotz einer geselligen Runde, in der fröhlich über nicht Anwesende abgelästert werden könnte, wenn nicht der Bremsklotz jeden Ansatz im Keim ersticken würde.

SPRECHCHOR
Ein Chor, dem man die Noten geklaut hat.

SPRUDELWASSER
Die Wannenfüllung, die einen Menschen umspült, der am Vorabend ein Menü bestehend aus Erbsensuppe, gebackenen Bohnen und Bocculiauflauf zu sich genommen hat.

SPRUNGBRETT
Die gerissene Latte beim Weitsprung.

SPRUNGSCHANZE
Die ultimative Gelegenheit abzuhauen.

STABREIM
Jedes Wort, das sich auf Stab reimt: Lab, gab, Saab. Ein enger Verwandter ist der Trabreim, zu dem Wörter gehören, die sich auf Trab reimen. Des Poeten freudige Reaktion auf einen ihm besonders gelungen scheinenden Vers nennt man Stabhochsprung. Ebenfalls verwandt ist der Grabreim, nämlich das kurze, poetisch aufbereitete Epitaph.
Beispiele:

«Es kam erst schlimm, dann schlimmer, er war ein schlechter Schwimmer.»

«Man schaue nie beim Flintenkauf von vorne in den Flintenlauf.»

STADTMUSIKANTEN
Altmodische Schreibweise für unprofessionelle Musiker, die, vermutlich aus Kostengründen, anstatt richtiger Musikanten engagiert wurden.

STAMMKNEIPE
Ein kanadisches, meist aus einem einzigen Stück Holz geschnitztes Bierlokal.

STAMMKUNDE
Ein Freier, der solche Dienstleisterinnen favorisiert, welche ordentlich Holz vor der Hütten haben. Zwecks Vermeidung eines Stammhalters bedient man sich beim Akt eines sogenannten Holzschutzmittels. Hat er den Holzweg endlich hinter sich, verwandelt sich seine wilde Astgabel recht bald in einen friedlichen Holzwurm.

STANDPAUKE
Ein Stehkaffee in der unmittelbaren Nähe eines Gymnasiums, das zur Zeit der großen

Pause von Schülerinnen und Schülern frequentiert wird, die dort schnell noch ein paar Takte für die anstehende Klassenarbeit büffeln.

STANDSTREIFEN
Rastende Polizeipatrouillien an einer Grillbude. Gerne nehmen sie Boulletten zu sich.

STARALLÜREN
Das, was sich ein heimischer Singvogel herausnimmt: penetrantes Singen bereits bei Sonnenaufgang, fahrlässiges Bekoten von Balkonböden, Nisten im Sperrbezirk.

STARKSTROM
Der Strom, der aufgebracht werden muss, wenn man gegen den Strom schwimmt. Auch die Menge der Passanten, die sich beim Winterschlussverkauf in eine Richtung bewegen. Die Passantenmenge nach Ladenschluss erzeugt dagegen den Schwachstrom.

STARKULT
Die schwer zu erklärende Apotheose, die manche Ornithologen den Vögel der Starenfamilie zuteil werden lassen. Dementsprechend reagieren die verehrten Vögel mit Starallüren.

STAUBSAUGER
Beim kollektiven Wüstenbummel der Cowboy, der ganz am Ende reitet und alle zwei Stunden zur Pause drängt, weil er geleert werden muss.

STAUBWEDEL
Ein Beamter, der sich nach dem branchenüblichen Nikkerchen vermittels mehrerer unartgerecht rascher Armbewegungen vom Staube befreit.

STECKENPFEERD
Ein Rennpferd, das in einem Kaninchenloch, in einem Sumpf hängenbleibt.

STECKNADEL
Eine Nadel, die so tief in der

Pobacke steckt, dass man sie nicht mit bloßen Händen herausziehen kann.

STEHLAMPE
Das Kommando des Hasen-Dompteurs, mit der er seinem Tier befiehlt, sich auf die Hinterläufe zu stellen.

STEINKOHLE
a) Hartgeld
b) Monatslohn des Maurers

STEINZEUG
Das in einem Menschen schlummernde Potential, es bis zum steinharten Brocken oder zum Fels in der Brandung zu schaffen.

STERLING
In englischen Gewässern auftretender Vertreter der Gattung der Silberfische.

STERNSCHNUPPE
Jemand, dem Stars völlig egal sind.

STICHPROBE
Mit einem spitzen Gegenstand einen weiteren Gegenstand oder einen Menschen auf molekulare oder nervliche Belastbarkeit hin antesten. Zum Beispiel, wenn man mit einem angeschliffenen Schraubenzieher den Reifen eines falsch parkenden Autos bearbeitet oder wenn die Krankenschwester die Spritze zum zehnten Mal ansetzen muss, weil sie die Vene nicht findet.

STILBLÜTE
Erstklassig gefälschte Banknote.

STILLEBEN
Die Abbildung des sehr jungen Jesus im Augenblick der Festnucklung an Muttern Marias Spenderbrust. Ein sehr beliebtes Motiv der Maler der Renaissance, denen so ein Vorwand gegeben war, ihre Modelle dazu zu bringen, vor ihnen zu strippen. Leonardo da Vinci beschränkte sich auf seine zuge-

knöpften Stammmodelle Mona und Lisa – aber Leonardo war auch so schwul, dass er im Sitzen pinkelte. Und sein Versuch, die 13 Jungs, die ihm fürs «Abendmahl» Modell sitzen sollten, dazu zu bringen, sich zu entblättern, scheiterte kläglich. Er hätte sein zugiges Atelier eben besser heizen sollen.

STOCKFLECKEN
Für SM-ler die romantische Erinnerung an einen gelungenen Abend.

STOCKHAUSEN
Fachwort der Archäologen für ein Pfahldorf. Für die fachgerechte Restaurierung und Konservierung der freigelegten Siedlung sorgt ein Stockkonservativer.

STOCKHOLM
Schwedisches Lehnwort für den hölzernen Holm des Turnbarrens. Das Wort ist, wie viele schwedische Wörter, doppelt gemoppelt: Stock bedeutet im Schwedischen «Holm», während mit «Holm» der Stock aus Holz gemeint ist. Überhaupt lieben die Schweden zweisilbige Hauptwörter mit zwei aufeinander folgenden Vokalen. Beispiele: Wasa (Eine Knäckebrotbäcker-Dynastie), Frokost (Die Abkürzung von «Frostkost» = Tiefkühlkost) und Pipi (eine junge Strapsträgerin).

STOFFWECHSEL
Der traditionelle Trikottausch der Fußballer nach dem Spiel.

STORNO
Die durch Bandsalat vorzeitig beendete Präsentation eines Sexfilms.

STOSSSTANGE
Eine lange Dürre, die es wirklich darauf anlegt.

STRAFSTOSS
Vom schwulen Schiri am Fußballspieler vorgenommene Disziplinarmaßnahme.

STRAMMER MAX
Ein hackevolles Wesen mit Vornamen Maximilian.

STRASSENKEHRER
Der Rücken eines Menschen, der gerade in ein Haus geht und deshalb der Straße den Rücken zukehrt.

STRASSENKREUZER
Ein Geldstück, das man in Entenhausen zufällig auf der Straße findet.

STRASSENKREUZUNG
Das genetische Produkt einer Out-Door-Paarung von zwei Hunden verschiedener Rassen.

STRASSENSTRICH
Die weiß gestrichene Mittellinie einer Straße oder Autobahn.

STRASSENVERKAUF
Maßnahme des in finanzielle Bedrängnis geratenen Monopoly-Spielers.

STRECKVERBAND
Im Mittelalter war es die Gewerkschaft der Folterknechte.

STREICHELEINHEIT
Eine militärische Formation, die größtenteils aus Weicheiern, Sitzpinklern, Warmduschern, Frauenverstehern, Gutfindern, Kuschelrockmögern, Selbstfindern, Birkenstöcklern, Frischsaftpressern, Bioleckern, Vorspielfanatikern, Kissenknickern, Genausodenkern, Kinderstreichlern und Wollstrumpfhosenfans besteht. Die Streicheleinheit hat zwar keinerlei militärischen Nutzen, doch stets Gesprächsstoff und gute Laune. Deshalb wäre es vielleicht keine schlechte Idee, Uno-Formationen durch Streicheleinheiten zu ersetzen.

STREIFENHÖRNCHEN
Das, was passiert, wenn der Polizist an einem Sexshop vorbeikommt

STRESS
a) Ein Strasskleid, dass unter Zeitdruck angezogen werden muss. Zum Beispiel in der Umkleidekabine zum Ziel, es zu stibitzen.
a) Der viel zu lose sitzende Strassbesatz eines Kleides, der die Trägerin des Kleides beunruhigt.

STRICHCODE
Die reduzierte Sprache, mit der sich Anbieter und Konsument im Kontakthof verständigen.

STRICHMÄNNCHEN
Magerer Prostituierter.

STRICHNYN
Geschmacksneutrales synthetisches Farbpigment, das zur Herstellung von Mittelstreifen dient.

STRICKLEITER
a) Im Western die Leiter, die zum Galgen führt.
b) Die Aufsicht in der Wollwarenfabrik.

STRICKMUSTER
Fachbegriff der Cowboys für das dekorative Ornament am Hals eines spontan abgestraften Pferdediebes.

STROHFEUER
Die Leidenschaft, die im Stall erst den Knecht übermannt, der dann die Magd übermannt. Dabei knistert es nicht nur zwischen, sondern auch unter den beiden.

STROHMANN
Männlich Vogelscheuche, auch Hoyboy.

STROHRUM
a) Ein Zuckerrohrschnaps, der so schwach auf der Brust ist, dass er nur mit dem Strohhalm getrunken einigermaßen reinhaut.
b) Begriff aus dem bäuerlichen Alltag, der im Gegensatz zu linksrum, untenrum, rechtsrum und hintenrum den Bereich um den Strohhaufen herum meint.

STROMVERSORGUNG
Die Quellen, Nebenflüsse und industriellen Einleitungen, denen ein Fluss seinen Grundbedarf an Schwermetallen, Säuren und Nitraten verdankt. Jemand, der seine ausgedienten Autobatterien in einem Fluss versenkt, ist ein «Stromer».

STRUMPFBAND
Der erste Band der Lederstrumpftrilogie.

STRUMPFBANDNATTER
Eine Männerhand, die ganz langsam am Damenbein hochkriecht. Zuckt dieses entsetzt zurück, handelt es sich um ein sogenanntes Schambein.

STRUMPFNAHT
Der eigentlich nicht als Drohung gemeinte Ausruf der Kindergärtnerin, die ihren Zöglingen mitteilen will, dass der Nikolaus vor der Tür steht und es höchste Weihnachtszeit wird, die Geschenkempfangssöckchen irgendwo aufzuhängen.

STUBENHOCKER
Ein Stuhl, der nicht viel unter Leute kommt. Verwandt mit dem Klavierhocker, der dagegen sehr viel unter Pianisten kommt.

STUHLPROBE
Am Theater die Probe, die zwar schon auf der Bühne, aber noch sitzend absolviert wird. Je nach Qualität des Stücks, der Laune der Mimen oder der Miene ihres Regisseurs kann es auch ein Scheißspiel werden.

STÜTZRAD
Das Steuerruder des Dampfers, das dem eingeschlafenen Kapitän als Körperlager dient.

SÜLZWURST
Fleischspezialität eines Kölner Stadtteils.

SUMPFBIBER
Das anatomische Epizentrum der Nymphomanin gegen Ende eines erfüllten Tages.

SUMPFHUHN
Eine Hühnerrasse, deren weibliche Vertreter voll darauf abfahren, mit dem Bauern bis in die Puppen Legeprobleme, Fragen der Bodenhaltung und die Qualität des diensthabenden Hahnes zu erörtern – am liebsten mit reichlich Eierlikör. Von einem Landwirt, der das durchhält, sagt man, er stehe mit den Hühnern auf.

SUPERMARKT
Ein Umschlagplatz, der geradezu prädestiniert für eine ganz bestimmt Ware ist. So ist die polnische Metropole Warschau ein super Markt für gebrauchte Autoradios, und Palermo ein super Markt für Betonmischer.

SUPPENKASPER
Obwohl die Bibel etwas anderes sagt, soll einer der Heiligen Drei Könige in Bethlehem statt Weihrauch Suppe angeschleppt haben. Und zwar eine superwürzige Eselsgulaschsuppe, die in trauter Krippenrunde wesentlich besser angekommen sein soll, als Gold und Myrrhe.

SUPPENWÜRFEL
Das Hilfsmittel, mit dem ein Suppenkasper entscheidet, ob er die Suppe auslöffelt, die er sich eingebrockt hat oder ob nicht. Das Suppenwürfeln ist überflüssig, gibt der Suppenkasper vorher den Löffel ab.

SUPRA-LEITER
Der Hauptmanager eines Supermarktes. Er beginnt seine steile Karriere meistens als Halbleiter. Sein Kollege in einem Großhandel für Töpferbedarf ist der Tonleiter und die Führungskraft in einem Gartenmarkt ist der sogenannte Samenleiter.

SWINGERCLUB
Ein Bordell, in dem exklusiv zu Swingmusik der 40er und 50er Jahre gevögelt wird.

DAS T

Das T ist die 20. Nudel in der nahrhaften Buchstabensuppe unseres Alphabets, eine leicht verückte Nudel, die es liebt, sich mit einem Strich an ein Fremdwort zu ketten:. Zum Beipiel: T-Shirt, T-Bone-Steak, T-Time und T-Ramesu. Im Wirtschaftshandel bedeutet T Tonne und in der Musikpartitur steht das T aufrecht wie ein T-Träger für den der Tonne mitunter doch sehr ähnlich sehenden Tenor. Allerdings geht in Tenöre meistens viel mehr rein und sie werden auch besser bezahlt.

Außer diesen Tätigkeiten hat sich T auch als KFZ-Nationaltätszeichen für Thailand und als Abkürzung für Tara einen Namen gemacht. Bei Tara handelt es sich natürlich nicht um den Karl-May-Helden Tara Ben Nemsi, sondern um einen verhaltensauffälligen südamerikanischen Papagaienvogel, der immer ordentlich Tamtam macht und der das ungewöhnliche Talent besitzt, die Rüsselfanfare der Elefanten zu imitieren. Weitere interessante Wörter mit T entnehmen Sie bitte den nun folgenden Seiten!

TABALUGA
Im Gegensatz zum dunkelbraunen und aromatisch riechenden Beluga ist der Tabaluga eine grüne Kaviarsorte, deren Oevre an Zigarrenrauch erinnert.

TAFELSPITZ
Im italienischen Restaurant der Herr, der ganz scharf auf seine Tischnachbarin ist.

TAFELSPITZ
a) Nach der Souree im Luxusrestaurant das spätestens zwischen Spargel- und Austerngang einsetzendes libidöse Gefühl bei der männlichen Kostenstelle. Bleibt allerdings das Gefühl spitz wie Lumpi zu sein beim Mann sogar nach den Trüffeln aus, haben wir es mit einem schweren Fall von Libidösigkeit zu tun, deren kalter Funke durchaus auf die ihm gegenüber sitzende Spitzmaus überspringen kann. (Spitzweg = in sich jäh zusammenstürzende Erektion. Aber auch «auf dem Spitzweg sein», sich auf dem von der Evolution vorgegebenen Flirtweg instinktiv richtig voran bewegen.)
b) Tafelspitz bezeichnet aber auch den Schulstreber, der unheimlich wild darauf ist, an die Tafel zu kommen, um allen zu zeigen, was er alles weiß.

TAGESDECKE
Eine Schneeschicht, die sich nur wenige Stunden halten wird.

TAGESSCHAU
Der Matrose, der bei einem Hundewetter Nachtwache hat und vom Krähennest aus sehnsüchtig den schwarzen Osthorizont nach Anzeichen für einen baldigen Sonnenaufgang absucht.

TAIFUN
Amerikanischer Soldatenslang: mit Damen aus Bangkok viel Spaß haben.

TANGA
a) Sächsisch für «Tanker».

b) Im normalen Sprachgebrauch eine nur spärlich bekleidete Tanzpartnerin beim Tango.

TANTE-EMMA-LADEN
Scherzwort für eine kleine Buchhandlung, die schon seit Jahren das komplette Literaturwerk von Alice Schwarzer führt.

TAPEZIERBOCK
a) Das von Malern und Anstreichern beim Tapezierern favorisierte Starkbier.
b) Die Vorfreude aufs Tapezieren.

TAUBENSCHLAG
Der Knallkörper, dessen akustische Explosionspotenz ausreichend ist, um sogar einen schlafenden Gehörlosen binnen Nanosekunden von der Horizontalen in die Vertikale zu bringen.

TAUCHERBRILLE
Eine Klobrille, die aufgrund eines Infarktes im Sanitärsystem permanent unter Wasser steht.

TAUCHSCHULE
Friesische Grundschule bei Springflut.

TAUCHSTATION
Ein kleiner Bahnhof in Friesland bei Springflut.

TELETUBBIE
Stark angeheiterter Mann, der durch die Wohnung tapst um die Fernbedienung zu suchen und dabei immer brummiger wird, weil die Sportschau ohne ihn angefangen hat.

TEMPOMAT
Mechanischer Taschentuchspender.

TENNISSCHLÄGER
Ein körperbetont reagierender Tennisspieler, der es seinen Gegenspieler körperlich spüren lässt, dass es keine gute Idee von ihm war, unbedingt gewinnen zu müssen.

TEPPICHKLOPFER
a) Der Handwerker, der beim Verlegen des Teppichbodens versehentlich ein kleines Haustier übersehen hat und nun die dadurch entstandene Wölbung im Teppich durch gezielte hammerschläge nivelliert.
b) Jemand, der es am liebsten auf dem Teppich treibt.
c) Ein Osmane, dessen Flugapparat nicht anspringen will.

THEKENRUNDE
Eine korpulente Wirtin.

THRILLER
In einem spannenden englischen Schwarzweißkrimi die akustische Absonderung der Trillerpfeife, mit welcher der Bobby angesichts einer akuten Rechtsverletzung Verstärkung anfordert.

THRONFOLGE
Die von der Klofrau in der stark frequentierten Autobahntoilette spontan festgelegte Regelung, wer wann wo was darf. Was häufig einen Haufen Probleme hinterlässt – große wie kleine.

THUNFISCHBRÖTCHEN
Die genialische Erfindung des Earl of Sandwich, der so viel trank, dass er kaum Zeit für feste Nahrung fand. Aufgrund seiner zittrigen Hände ließ er sich sein Mittagessen, das er Mitte des Monats zu sich nahm, stets zwischen zwei Brötchenscheiben klemmen. Nach Abwechslung lechzend, gab er eines Morgens am frühen Nachmittag seinem Lakaien die Order: «Thun Fisch aufs Brötchen!» So sagt es jedenfalls die Legende.

TIEFKÜHLFACH
Berufssparte Frost, Eisschränke, Kühlsysteme

TIEFLADER
Verhält sich zum Hochstapler wie der Löffelbagger zum Gabelstapler.

TIPPGEMEINSCHAFT
Sekretärinnen-WG. Nicht zu verwechseln mit der Tipi-Gemeinschaft, der traditionellen Wohnweise nordamerikanischer Prärieindianer.

TIPPELBRUDER
Der Kumpel, mit dem man einen gemeinsamen Lottoschein am Laufen hat.

TIPPEX
Eine frisch gefeuerte Sekretärin.

TISCHFEUERWERK
Das, was im Restaurant passiert, wenn beim Flambieren der Lammkeule am Tisch die Cognac-Dosierung allzu großzügig bemessen wurde.

TISCHKICKER
Männlicher Tabledancer mit strammen Waden.

TISCHKLAMMER
Der letzte Teilnehmer eines Umtrunks, dem es mehr schlecht als recht gelingt, die Stellung zu halten, indem er sich am Rand der Tischplatte festkrallt.

TOFU
a) Das japanische Wort für den über ein Sojafeld fegenden Taifun.
b) Variante des Kungfu, bei dem Sojabohnen mit dem bloßen Fuß zertreten werden.

TONTRÄGER
Der beste Freund des Töpfers. Beim Workshop «Angstfreies Töpfern in der Toscana» ist es der Tonträger, der dem Ton-Künstler den Werkstoff reicht. Des Tonträgers Motto lautet: «Lehm und Lehm lassen».

TOPFPFLANZEN
Die zum größten Teil von der Wissenschaft noch nicht benannten Moose, Flechten und Pilze, die munter im Eintopf vor sich hinsprießen, der seit ein paar Wochen auf der Heizung steht.

TORFSTECHER
a) Ökoszenenjargon für einen aggressiv, in seinem Frühstücksmüsli herumstochernden Alt-68er.
b) Im hohen Norden die Bestattungsfachkraft, die das Terrain für eine zünftige Senkrechtbestattung vorbereitet.
c) Jemand, der es am liebsten im Moor treibt.

TORNISTER
a) Ornithologischer Sammelbegriff für Höhlenbrüter, die ihre Nester in die Löcher alter Torbögen bauen.
b) Ein Torwart, der in seinem Tor Wurzeln geschlagen hat.
c) Ein Depp, der etwas Dummes ausbrütet.

TORTELLINI
Aus dem Italienischen stammendes Lehnwort für einen kleinwüchsigen Konditor.

TORTENBODEN
Der Boden eines Saals, in dem gerade eben eine Tortenschlacht stattgefunden hat. Die herbeieilenden Reinigungsfachkräfte nennt man Tortenheber. Einen Lehrling in der Branche «Tortellini».

TORTENGUSS
Bei gut organisierten Tortenschlachten der unmittelbar nach dem Startschuss jäh einsetzende Tortenhagel.

TOUPET
Ein PS-starkes Sport-Coupet, das so schnell beschleunigt, dass es seinem Piloten fast die Haare vom Kopf fegt.

TRACHTENGRUPPE
Eine Ansammlung von Menschen mit einem gemeinsamen Ansinnen. Zum Beispiel Fußballfans im Stadion, Dänen auf einem Butterdampfer, Rentner vor einem Sexshop, Politiker bei der täglichen Diätenerhöhungsdiskussion. Was immer diese Trachtengruppen auch im Schilde führen mögen, irgendwen

wird es teuer zu stehen kommen.

TRÄGERRAKETE
Explosionsartig zerreißender Hosenträger.

TRAMPELPFAD
Der Weg zur absoluten Ungeschicklichkeit. Aber auch das Leben des totalen Trottels als solchen.

TRAMPOLIN
Bayerisches Scherzwort für eine Slawin, die gerne Straßenbahn fährt. Der männliche Slawe, der dagegen die U-Bahn bevorzugt, nennt sich «Metropole».

TRAPIST
Ein Artist, der sich unter der Zirkuskuppel coram publico vom Trapez aus entleert.

TRAUZEUGE
Ein Zeuge, der nach langer Informationsabstinenz endlich Mut und Muße zur Aussage findet. Aber auch eine männliche Person, die sich nach langer Abstinenz endlich wieder dazu aufraffen kann, ein Kind zu zeugen. Einer der berühmtesten Trauzeugen Deutschlands ist Franz Beckenbauer, der sich nicht nur um den Fußballnachwuchs verdient gemacht hat.

TREIBSTOFF
a) Getränk mit harntreibender Wirkung. Sehr beliebte Treibstoffe sind Brennesseltee, Sauerkrautsaft und Bier.
b) Ein Kleidungsstück mit erotisierender Wirkung.

TRENDSETTER
Die Hunderasse, die weggeht wie geschnitten Brot, weil sie gerade besonders angesagt ist.

TRETMÜHLE
a) Mofa mit Motorschaden
b) Kombination aus Brettspiel und Fußball

TRIANGEL
Ein von drei Personen bedien-

tes Angelgerät, das den herkömmlichen Dreizack ersetzen soll.

TRIKOLORE
Der Handkarren, auf dem nach Spiel oder Training der dampfende Stapel durchschwitzter Fußballtrikots hurtigst gen Waschsalon geschoben wird.

TRIPPER
a) Ein Trapper vor dem Stimmbruch.
b) Ein Trapper auf LSD.
c) Ein Trapper nach der Geschlechtsumwandlung.

TRITTBRETTFAHRER
Kind auf einem Kickboard.

TROCKENDOCK
Im Gegensatz zum jungen Arzt, der noch feucht hinter den Ohren ist, ein Mediziner mit Reife und Reputation.

TROMMELBREMSEN
Der Versuch eines normalen Menschen, einen Schlagzeuger zu stoppen, der in der Wohnung nebenan nach Mitternacht den Beweis liefern will, dass er die ultimative Reinkarnation von Ringo Starr ist. Nicht selten erfolgt das Trommelbremsen in Form eines Schlagabtauschs.

TROMPETER
Die männliche Entsprechung von Trompetra.

TROSTPFLASTER
Ein zu kleines Pflaster. Ein Verband, dessen Größe in keiner zufrieden stellenden Relation zum Bedarf steht. Zum Beispiel, wenn eine heftig blutende Platzwunde lediglich mit einem Hühneraugenpflaster versorgt wird.

TRÜBSAL
Schlecht ausgeleuchteter, großer Raum.

TRÜMMERFRAU
Eine weibliche Person vor den Scherben ihrer Beziehung.

TURMSPRINGER
a) Beim Schach die Springerfigur, die einen Turm schlägt. Schlägt dieser zurück, haben wir ein Problem.
b) Ein Yorkshire-Terrier-Rüde, der vergeblich versucht, einer Colliedame seine Aufwartung zu erweisen.

TÜRSPALT
Jemand, der sich mit einer Holzfälleraxt die Passage durch eine verschlossene Tür verschafft.

TÜRSTOPPER
a) Der Faustschlag, mit dem der Türsteher einer Nobel-Disko unerwünschte Gäste zum Besuch irgendeiner anderen Diskothek überzeugt.
b) Ebenfalls ein Mensch, der zu überzeugen weiß. Jemand, der sich gut darauf versteht, ungebetene Gäste von der Wohnungstür zu verscheuchen.
c) Jemand, der es schafft, einen Zeugen Jehova in weniger als 20 Sekunden und einen Staubsaugervertreter in weniger als 30 Sekunden in die Flucht zu schlagen, ist ein «Tür-Topstopper».

DAS U

Das U ist die 21. Nudel in der nahrhaften Buchstabensuppe unseres Alphabets und trägt in der internationalen Buchstabiertabelle der Funker den Namen «Uniform», während er in der nationalen «Ulrich» heißt.
Als Abkürzung von Wörtern wie U-Boot und U-Bahn beweist dieser Buchstabe Tiefgang, bei der U-Musik und der U-Haft häufig genug starke Nerven und in der Chemie zeigt er sich als Kürzelbuchstabe für Uran als strahlender Held.
Das langgezogene «Uuuu» gehört zum festen Lautrepertoire nachtaktiver Eulenvögel und auch der Mensch gebraucht ihn gerne, wenn ihn wohliger Grusel überfällt: z.B. in Betrachtung eines gepflegten Horrorstreifens bei

der Szene, in der die Kettensäge angeworfen wird oder der Vampir millimeterknapp daneben beißt.
In Zusammenarbeit mit dem Buchstaben N verbreitet das U häufig eine Atmosphäre des Unbehagens. Das beweisen Wörter wie Unhold, Unglück, Ungemach, Ungewitter, Unlust, Unsitte, Unkraut, Undank und Underberg. Doch wer meint, das U wäre ein chronischer Unglücksbote, der tut diesem Buchstaben sicherlich Unrecht. Und dass unser U auch heitere Seiten hat, das beweisen die kommenden Seiten.

ÜBERSTUNDEN
Die Zeitphasen, die in der Wahrnehmung eines Menschen höher im Kurs stehen als andere und dort auch als ungleich kürzer gespeichert werden. Zum Beispiel das Schäferstündchen im Vergleich zum Mathestündchen.

UFFIZIEN
Die feierliche Zeremonie, mit der ein Soldat der Schweizer Garde in den Unteroffiziersstand erhoben wird: der Papst drückt dem zu Befördernden Ernennungsurkunde und Ernennungsbier in die Hand und klopft ihm dann mehrmals auf die Schulter. Nach entsprechender Dienstzeit erfolgen dann die Offizien, die Ernennung zum Offizier.

UHRZEIGERSINN
Das von Land zu Land unterschiedlich ausgeprägte Zeitgefühl des Menschen. So gilt der Schweizer als ausgesprochen chronophil, d.h. pünktlichkeitsliebend. Wenn ein Schweizer von 5 Minuten spricht, ist damit eine Zeitspanne von exakt 300 Sekunden gemeint. Dagegen verstehen Italiener, Navajo-Indianer und mitteleuropäische Handwerker darunter einen Zeitraum, der zwischen 2 Stunden und einem Erdzeitalter variieren kann.

UMSCHLAG
Boxerwort für den K.O.-Schlag. Synonym zu «Niederschlag».

UMSCHLAGPLATZ
a) Eine Stelle auf diese Planeten, an der das Wetter soeben im Begriff steht umzuschlagen.
b) Der abrupt einsetzende Effekt, wenn wir einem Kuvert zuviel zumuten, indem wir mehr hineinstopfen als hineinpasst.

UMSTANDSMODEN
Klamotten, die schwer anzuziehen oder generell verdammt

unpraktisch sind: Taucheranzüge, Schnürmieder, Zwangsjacken und Keuschheitsgürtel.

UMWÄLZPUMPE
Ein Marathonschwimmer, der versehentlich Wasser geschluckt hat, das er danach gezielt wieder dem Wasserkreislauf zuführt. Kinder, die solches im Planschbecken tun, heißen «Durchlauferhitzer».

UNHEILSCHWANGER
Eine Frau, die einen Satansbraten in der Röhre hat. Frauen, die eine Unheilschwangerschaft heil überstanden haben, sind die Mütter von Jack Nicholson, Sean Penn, Martin Semmelrogge, Darth Vader und Räuber Hotzenplotz.

UNTERKIEFER
Kleinwüchsiger Nadelbaum, der zusammen mit anderen kleinwüchsigen Nadelhölzern, den Koniferen, die botanische Klasse der sogenannten Unterhölzer bildet. Bevorzugtes Material für Ikea-Regale und pädagogisch wertvolle Spielzeuge. Im Gegensatz dazu steht die Oberkiefer, dem Holz, aus dem stockkonservative Kellner geschnitzt werden.

URAL
Russische Tankstellenkette.

URNE
Ruhrgebietsvokabel den Aschenbecher meinend. Der ganz besondere, weil ganz besonders billige Aschenbecher, für den man sich auf der Kirmes an der Losbude entscheidet, weil man freie Auswahl hat, heißt Wahlurne.

UROLOGE
Eine als Pissoir missbrauchte Theater- oder Kinologe, deren Schänder sich längst verpisst hat.

DAS V

Das V ist die 22ste Perle in unserem Kleinod namens Alphabet. Ihr Glanz erfreut den Physiker, wenn er damit Volt und Volumen abkürzt, und sobald der Bibliothekar sie erspäht, schimmert ihm binnen Picosekunden, dass entweder der Hinweis «vide» (sehe, siehe) oder die Aufforderung «verte» (wende, blättere um) gemeint ist.
Bei den Römern hatte das V einen Tripplejob. Bei Wörtern wie VESTALIN oder VENI, VIDI, VICI arbeitete es in seinem Hauptberuf als «Vau», und bei CLAVDIVS und TAVRVS verdiente es sich ein paar Sesterzen nebenher, indem es als «U» einsprang. So erfinderisch die Römer auch waren, den Buchstaben U kannten sie noch nicht.

Damit nicht genug, jobbte das V auch regelmäßig als Zahlwort, nämlich als Fünf. Zum Beispiel auf Münzen. Was damals den einen oder anderen schlitzohrigen Legionär auf die Idee gebracht haben soll, mit zwei gezielten Messerritzern das V auf seiner Soldmünze in ein X zu verwandeln. Womit er den Münzwert verdoppelt hätte, denn das X war die römische Zehn. Ob sich für den verfälschten Heiermann Abnehmer gefunden haben, ist nicht überliefert, wohl aber eine Redewendung: jemand ein X für ein U (= V) vormachen.

Eine Persönlichkeit, der es hingegen gelang, der Welt kein X, sondern ein V vorzumachen, war Herr Winston Churchill aus England. Er formte mit Zeige- und Mittelfinger den Anfangsbuchstaben des Wortes «victory» und schuf somit das erste in reiner Handarbeit gefertigte Siegeszeichen.

Es zeugt von Charakter, dass dieser prominente V-Mann ein Faible für Abkürzungen entwickeln konnte, obwohl ihm selber ein eher unvorteilhaftes Monogramm in die Liege gelegt ward.

Und nun, sehr geehrtes Lesewesen, VERTE die Seite und VIDE all die schönen Wörter mit V!

VAN GOGH
Ein asymmetrischer Ohrensessel.

VATERSCHAFT
a) Das, was ein mit Kindern gesegneter Mann an seinem Arbeitsplatz leistet.
b) Der für die Familienplanung mitzuständige Körperteil des Mannes. Bei mangelnder Leistung kommt es zur «Vaterschaftsklage».

VASELINE
Dem Bild von fragilem, kostbaren Porzellan folgend, formte sich das Wort «Vaseline» als Begriff für ein zierliches, aber nicht ganz billiges Mädel.

VEILCHEN
Die Spielzeugwaffe des Indianerkindes.

VERBUM
Die Frage des sprachlich ungefestigten Zeitgenossen nach dem Verursacher eines Knalls.

VEREINIGUNGSMENGE
a) Mathematisch die Gesamtheit der Ungereimtheiten der Mengenlehre, die die Gesamtheit der Eltern der betroffenen Schüler gegen die Gesamtheit der Mathematiklehrer aufzubringen vermag.
b) Die Anzahl der an einer Kopulation beteiligten Personen.
c) Die Anzahl tatsächlich vollzogener Kopulationen. Um in besonders lebhaften Nächten den Überblick nicht zu verlieren, notiert man die Anzahl der Runden auf dem sogenannten Nummernschild. Erfolgt dies mittels Zahlen und nicht mittels Strichliste, sprechen wir von einer sogenannten Dunkelziffer.

VERFASSUNGSKLAGE
Das chronische Jammern eines Menschen über seine schlechte gesundheitliche Konstitution.

VERKEHRSKNOTENPUNKT
Der Moment unmittelbar nach vollzogenem Koitus, in

dem es Zeit wird, den Pariser zu verknoten.

VERMÖBELN
Eine Wohnung dermaßen planlos mit Stühlen, Tischen und Barockaltaren zustellen, dass es unmöglich ist, das Wohnbiotop zu durchqueren, ohne sich dabei am Ikea-Regal oder Tillmann-Riemenscheider-Altar blaue Flecken einzufangen.

VENUS
Eine tropische hartschalige Strauchfrucht, deren Verzehr zu heftigen Magenkrämpfen führt. Eine Frucht, die man also nur essen sollte, wenn man wirklich nichts anderes vor hat.

VERSCHLUSS-SACHE
Alles, womit man etwas verschließen kann: Flaschenkorken, Reißverschluss, Mundknebel.

VERTEILERFINGER
Der Finger des praktizierenden Poplers, der mit dem Ergebnis der Probebohrung mehr oder weniger heimlich die Tischunterseite beschichtet.

VESPER
Die Brotzeit, die sitzend auf der fahrenden Vespa eingenommen wird.

VIBRAPHON
Das Arbeitslautstärke eines elektrischen Massagestabs. Wegen unerfreulich hoher Vibraphonstärken sind Massagestäbe mit Dampf- oder Dieselmotor so gut wie vom Markt verschwunden.

VIBRATOR
a) Jemand, der soeben der Badewanne entstiegen seinen Zeigefinger in eine Steckdose einführt.
b) Ein Liedermacher, der mit seinen Texten die Zuhörer kurzfristig aufrüttelt. Dadurch bekommen sie seine Texte mit und ratzen um so schneller wieder weg.
c) Ein Tenor mit bemerkens-

wertem Vibrato. Zum Beispiel Luciano Pavarotti bei Erdbeben trällernd.
d) Eine große wacklige Tür.

VOGELBAUER
Ein durchgeknallter Agrarökonom. Ein Landmann, der eine Meise hat.

VOGELSCHEUCHE
Jemand, der schlecht zu Vögeln ist. Häufige Ursache für dieses Verhalten ist ein traumatisches Erlebnis in der Jugend. Zum Beispiel der Kanarienvogel, der dem Betroffenen immer auf den Kopf kackte oder ein Kondor, der vor seinen Augen die Lieblingslehrerin schlug und davontrug.

VOKABEL
Die Frage eines sprachökonomisch operierenden Elektrikers nach der Position der Stromleitung. Die Sichtung des Gesuchten bestätigt er häufig mit dem freudigen Ausruf «Kabeljau!».

VÖLKERBALL
Tanzgala mit multikulturellem Publikum.

VOGELWARTE
Volkstümlich für Irrenhaus.

VOLLKORNBROT
Mit Schnaps getränkte Brotstückchen zum Knüllemachen von Möwen, Enten und Goldhamstern.

VOLLSTRECKER
Jemand, der ohne Haushaltsleiter versucht, eine Glühbirne in die Deckenlampe zu schrauben.

VORDERSCHINKEN
Volkstümlich für Potjemkische Bücher. Die Bücher, die im Regal in der ersten Reihe stehen und so den Blick auf die zweite Bücherreihe verdecken. Klassische Vorderschinken stammen von Defoe, Dante, Grillparzer, Löns und Goethe, während es sich bei den Hinterschinken zumeist um Pornohefte handelt.

VORHUT
Ein Vorläufer der heutigen Kopfbedeckungen.

VORMUNDSCHAFTSGERICHT
Die dem Vorkoster oder Mundschenk unmittelbar bevorstehende Mahlzeit.

VORPOMMERN
Das ängstliche Um-die-Ecke-lugen einer schüchternen Landpommeranze.

VORSCHLAGHAMMER
Ein Perkussionsinstrument zur argumentativen Festigung eines gegebenen Rates.

DAS W

Das W ist im ABC-Verein e.V. das Mitglied mit der Mitgliedsnummer 23.
Skipper, Wanderer und Geografen kürzen mit dem W die Himmelsrichtung aus, in der morgens die Sonne aufgeht bzw. aufgehen soll (wenn es sich um ein Regenloch wie z.B. das Sauerland handelt). Der Apotheker kürzt mit dem W den Wolfram ab, die Hautpflegemilch zur Behandlung der Körperpartie, an der man sich einen Wolf gelaufen hat.
Das W zieht Fragezeichen an wie der Teufel die Fliegen, denn mit ihm beginnen alle relevanten Interrogative. Wer allerdings wann und wo und wie auf die Idee kam, ausgerechnet ein W vor diesen Karren zu spannen, wie-

viel er dafür bekam und warum er kein S oder weshalb er kein P dafür genommen hat, das weiß man alles nicht. Aber außer den Fragewörtern gibt es noch eine erkleckliche Menge anderer W-Wörter, die Fragen aufwerfen. Doch wozu hat man das Blödsikon, wenn nicht zum Umblättern!

WABENKRÖTE
Eine korpulente Person, die in einer der Umkleidekabinen eines Kaufhauses festsitzt.

WACKELDACKEL
Ein akustisch hyperaktiver Dackel, den das schlafbedürftige Herrchen in seiner Verzweiflung mit Whisky abgefüllt hat, unmittelbar vor dem Entschlummern.

WADENWICKEL
Ein kleiner, hormonell aufgekratzter Hunderüde, der sich an das Bein irgendeines Zweibeiner klammert, um es sexuell zu belästigen.

WAGENHEBER
Ein sehr starker KFZ-Mechaniker, der bei weiblichen Kunden ordentlich Eindruck schinden will.

WAHLURNE
Das finale Entlagerungsgefäß, dass sich jemand noch zu Lebzeiten gezielt ausgesucht hat. Zum Beispiel die Sanduhr für den Workoholic, der Staubbeutel für die Reinigungsfachkraft und für den Bäcker die Mail-Box.

WAHRZEICHEN
Bei der nonverbalen Kommunikation ein Körpersignal, das dem Gegenüber vermitteln soll, dass man es wirklich ehrlich meint. Zum Beispiel mit einem Kuss, einem Schlag auf die Nase oder einer obszönen Geste. Das Gegenteil – das Antinym – von Wahrzeichen ist der sogenannte «Falsche Hase», der vorgetäuschte weibliche Orgasmus.

WALHALLA
Germanisches Wahllokal.

WALKMAN
Eine Person, die etwas durchknetet bzw. durchwalkt. Zum Beispiel der Bäcker den Teig, der Töpfer den Ton und der Masseur den Kunden.

WALZWERK
Wird oftmals mit dem Waldzwerg verwechselt. Aber das bringt nichts.

WARNDREIECK
a) Das häufig in den Verkehrsnachrichten erwähnte Autobahndreieck
b) Die Rückenflosse des Haifischs. Ihr Auftauchen sollte dem Schwimmer Anregung sein, umgehend das nächstbeste Ufer aufzusuchen.

WARTESCHLEIFE
a) Die Schleife an Geburtstagsgeschenken, die so fest geknotet ist, dass das Geburtstagskind stundenlang daran herumknibbeln muss.
b) Das Band im Haar einer Braut, die erst vor der Kirche, dann vor dem Altar und schließlich in der Kneipe auf ihren Zukünftigen wartet.

WASCHKORB
Eine Flirt-Abfuhr, die sich wirklich gewaschen hat. Wenn aber Pamela Anderson Harald Feuerstein am Malibu Beach abblitzen lässt, haben wir es mit dem gefürchteten Strandkorb zu tun, denn Pams Körbe verfügen über eine beachtliche Körbchengröße.

WASSERBÜFFEL
Der Lernmarathon des angehenden Bademeisters, der sich auf die theoretische Prüfung vorbereitet. Dabei lernt er dann, dass es nicht schaden kann, den Verbandskasten zu holen, wenn ein Badegast vom Dreier aufs Einer hüpft, und dass man im Planschbecken mit etwa zwei Litern Salzsäure pro Kind rechnet.

WASSERFLASCHE
Ein unfähiger Schwimmer. Eine Person, die es fertigbringt, sich beim Brustkraulen in den eigenen Brusthaaren zu verheddern oder in einer Badewanne zu weit hinauszuschwimmen. Wasserflaschen sind gesuchte Statisten bei

Film-Produktionen wie «Titanic», weil sie nach dem Dreh nur in ganz seltenen Fällen ausbezahlt werden müssen.

WASSERWERFER
Jemand, der auf krasse und nasse Weise demonstriert, dass er jedem anderen das Wasser reichen kann. Legendäre Wasserwerfer sind das Männeken Piss aus Brüssel und der feine Pinkel Ernst-August, der sich auf der Expo 2000 zu Hannover auf spektakuläre Weise exponierte.

WATSCHENTANZ
Das rhythmische Hüpfen des bayerischen Kindes, dem soeben eine gesemmelt wurde. Ein erstklassiger Watschentänzer war der sehr junge Franz Beckenbauer, den seine Eltern regelmäßig abwatschen mussten, weil er bei Tisch mit den Semmelknödeln dribbelte und so zum Erfinder des Tischfußballs wurde.

WATTENMEER
Angeblich der erstaunte Ausruf von Marco Polo bei der Ersterblickung des Steinhuder Meer. In Wirklichkeit sagte er in astreinem Hochdeutsch: «Was für ein Meer !».

WATTWURM
Ein Kind aus dem Ruhrgebiet, das seine Eltern mit permanenten «Watt-Fragen» an den Rand eines Nervenkollaps beutelt. Kindseits beliebte Watt-Fragen sind:
«Wat soll ich heute schon wieda in die Schule?»
«Watt is dat für ein Scheißfraß!?»
«Watt spricht dagegen, dat ich zu Weihnachen ain Kick-Boooard kriegen tue?»
«Watt hasse gegen Pokémons?»
«Watt machse, wenn ich meine Finger in die Steckdose stecken tue?»
Als Schutzmaßnahme gegen ein solches Blag eignet sich Watte in den Ohren.

WATZMANN
Alpiner Begriff für den Scherenschleifer.

WEBERKNECHT
Der Leib- und Magendiener des Musikers und Komponisten Carl Maria von Weber. Er hieß Fritze Schütz, hatte Beine wie Maisstengel und nahm sich sehr oft, ja, viel zu oft frei, um seine Stengelbeine im Freibad einer breiten Öffentlichkeit zu präsentieren. Er inspirierte Weber zu dessen Werk «Der Freischütz». Anderen Quellen nach war alles ganz anders.

WEBSTUHL
Das uralte, vergammelte Sitzmöbel im hintersten Winkel eines Trödelladens, das Spinnen eine Grundlage für kreative Einbringung bietet.

WECHSELGELD
Geld, das durch Umtausch oder Waschen seine Farbe verändert, zum Beispiel Schwarzgeld. Ebenfalls gebräuchlich für Gelder, die häufig Namen und Besitzer wechseln. Handelt es sich um ein paar Flick-Millionen, spricht man von der sogenannte «Kohle». Die Umschichtung von «Wechselgeldern» heißt «Krötenwanderung».

WECHSELJAHRE
Das Gegenteil von Jahreswechsel.

WEGGABEL
a) Ein fehlendes, weil soeben geklautes Fahrradteil.
b) Gestohlenes Esswerkzeug.

WEISSWURST
Ein Brat-, Brüh- oder Streichwurst, bei der man leider weiß, woraus sie besteht, und sich deshalb beim Verzehr ordentlich zusammenreißen muss.

WECHSELSTROM
Eine große Menschenmenge, die ganz plötzlich ihre Bewegungsrichtung wechselt. Zum Beispiel Demonstranten, die

in den Erfassungsbereich eines Wasserwerfers geraten.

WEINKELLER
a) Verließ oder Kerker. Der Graf von Monte Christo verbrachte unschuldig wertvolle Jahre seines Lebens in einem solchen. Der traditionelle ausbruchsichere Weinkeller besteht aus Granit oder Weinstein, der Weinkeller mit hohem Insassenschlupf ist dagegen häufig aus Bruchstein.
b) Der emotionale Tiefpunkt, an den man hemmungslos Abheulen möchte. Er ist erreicht, wenn man plötzlich in Flensburg mehr Punkte als Pickel am Hintern hat, wenn der Partner einen in die Wüste schickt, und zwar ohne Sonnencreme und Wasser. Der Weinkeller lässt sich auch gezielt durch Selbstmanipulation künstlich erzeugen, indem man beispielsweise ins Kino geht, um beim feuchttraurigen Show- bzw. Shipdown zu allem Tränenüberfluss eine Zwiebel schält.

WEISHEITSZAHN
Eine heiße Braut, die nicht nur was in der Bluse, sondern auch ordentlich was in der Birne hat.

WELLENBRECHER
Ein bei schwerem Seegang über die Reling göbelnder Leichtmatrose, der sich danach noch leichter fühlen wird. Der Wellensittich dagegen ist ein Schwermatrose, der bei leichtem Seegang ein leichtes Mädchen vögelt.

WELLNESS
Die bei südlichem Nordwestwind einsetzende, charakteristische Oberflächenkräuselung des schottischen See Loch Ness. Nur wenige Meilen nördlich von Loch Ness liegt der kleine See Fit Ness, der ein absoluter Geheimtip für Wassersportler ist. Er ist so ein absoluter Geheimtip für Wassersportler, dass man dort noch bis heute nicht einen einzigen Wassersportler gesehen hat.

WERBESPOT
Hämische Reaktion auf einen unerwünschten Heiratsantrag.

WESPENTALLIE
Der durch einen oder mehrere Stiche eines Völker bildenden Hautflügels deformierte Mittelleib.

WESTERN
Der Himmelskörper, der großes Leid mit sich bringt, der dafür verantwortlich ist, dass eine Sache unter keinem Stern steht. Zum Beispiel ein Meteor, der genau aufs frisch gewaschene Auto fällt.

WETTERLEUCHTEN
a) Das Glänzen der Augen eines Menschen, der kurz vor dem Explodieren steht.
b) Der Gesichtsausdruck von Jörg Kachelmann, wenn er ein Hoch auf den Azoren vermelden kann.

WICKELROCK
Aus Nordamerika eingeschleppte Stilvariante der Rockmusik, bei dem die Musiker gegen Ende ihrer Darbietung die Gitarren um die Lautsprecherboxen wickeln.

WILDWECHSEL
Wenn der chronische Schürzenjäger je nach Laune mal Blondinen, mal Brünette, mal Dunkelhaarige in die Zielerfassung nimmt.

WIMBLEDON
Ein überreichlich mit Wimpeln geschmücktes spanischer Adliger.

WIMPERN
Wimmern beim Pimpern.

WINDJAMMER
a) Das Dauerklagen einer Schiffsbesatzung über das Wetter.
b) Das Gejammere einer Person, die schwer durch den Wind ist.
c) Der Diskussionstenor einer Gruppe von Drachenfliegern,

die wegen absoluter Windstille keinen hoch bekommt.
d) Das notorische Nörgeln einer Person, die darüber frustiert ist, dass ihre gut gemeinten Ratschläge von Zielpersonen in den Wind geschlagen wird.
e) Das vorwurfsvolle Klagen von Menschen in einem steckengebliebenen Aufzug, deren Nasen darüber in Kenntnis gesetzt wurden, dass jemand seine Darmwinde entweichen ließ.

WINDMÜHLE
Die Outdoorvariante des populären Brettspiels.

WINKELSCHLEIFER
Ein Mann, der seine Kumpel beim Kneipenbummel in die dubiosesten Hinterhofkaschemmen schleppt.

WINKELZUG
Eine Eisenbahnlinie, die zwei Punkte mittlerer Bedeutungslosigkeit miteinander verbindet, die eigentlich gar nichts miteinander zu schaffen haben wollen. Zum Beispiel Buda und Pest, Hong und Kong, Mai und Land, aber auch Köln und Düsseldorf.

WINZLING
Kleinlauter chinesischer Winzer.

WIRBELSÄULE
a) Eine Littfass-Säule, die mit provozierenden Werbeplakaten für Wirbel unter den vorbeieilenden Passanten sorgt. Häufig taucht in diesem Zusammenhang der Name «Benetton» auf.
b) Schwäbisch für ein kleines temperamentvolles weibliches Schwein. LENKSÄULE heißt das dressierte weibliche Ferkel an der Leine.

WIRKSTOFF
Nur in Sachsen verstandenes Scherzwort für einen brutal eng sitzenden Schal.

WIRSING
a) Ein Sänger, der eine Diskrepanz zwischen Text und Melodie produziert. Zum Beispiel Dieter Bohlen, der nach dem zehnten Jägermeister einen Brecht-Song intoniert.
b) Ein Kanarienvogel, der so bekifft ist, dass er sich einbildet, er sei eine Nachtigall.
c) Ein wirres Zeugs denkender Kohlkopf.

WIRTSCHAFTSWUNDER
Wenn es einem Wirt gelingt, den abgefülltem Gast zu überreden, anstelle des eigenen Wagens doch lieber ein Taxi zu nehmen, haben wir es mit einem Wirtschaftswunder zu tun.

WISCHMOPS
Der kleine korpulente Hund, der auf eine Stange gesteckt beim Feudeln unzugänglicher Wohnungsecken wirklich Großes zu leisten vermag.

WOHNBLOCK
Ein Zeichenblock, der so groß ist, dass er in der Mitte gefalzt ein passables Zelt ergäbe.

WOLLSCHAL
Etwas, das «wollschal» schmeckt, verfügt über keinen nennenswerten Eigengeschmack. Das Wort kanalisiert die menschliche Erkenntnis, dass dem Biss in einen alten Wollschal nur in Ausnahmefällen ein kulinarisches Feuerwerk folgt. Wer im Eigenversuch herausfinden möchte, was dieses Wort meint, der bestelle in einem schottischen Spezialitätenrestaurant eine Schüssel «poridge». Dabei handelt es sich um eine nahrungsähnliche Spachtelmasse auf Wasser-Hafer-Basis, deren an sich schon karges Geschmacksträgervorkommen vom durch stundenlanges Köcheln auf den Nullpunkt exorziert wird.
Hier die internationale Top-Ten der wollschal schmeckenden Speisen und Gerichte. Ihre Köche bzw. ihre Erwärmer

gehören eigentlich vor ein Schnellgericht.

PLATZ 10: dänische Hot-Dogs (Pölser)
PLATZ 9: portugiesische Stockfischsuppe
PLATZ 8: bayerischer «warmer Kartoffelsalat»
PLATZ 7: schwedisches Weißbrot, belegt mit englischem Cheddar-Käse
PLATZ 6: ungesalzenes Fertigkartoffelpürree
PLATZ 5: Tofuburger ohne Ketchup
PLATZ 4: Labskaus
PLATZ 3: kalte Gurkencremesuppe mit schwedischen Weißbrotstücken
PLATZ 2: warme Gurkencremesuppe mit dänischen Weißbrotstücken
PLATZ 1: lauwarme Gurkencremesuppe mit englischen Weißbrotstücken

WOLLUST
Heftige Freude, die sich beim Stricken oder bei der Handwäsche von Wollstrumpfhosen einstellt. Bezeichnet ebenfalls das emotionale Hoch des Schäfers beim Schäferstündchen mit einem besonders knuffigen Schäfchen. Soll das Rendezvous wegen starken Regens im Stall stattfinden, muss er dazu seine Schäfchen ins Trockene bringen.

WUNDERKERZE
Volkstümlich für die Erektion bei Männern über 90.

WUNDERTÜTE
Ein Kondom, das sein Haltbarkeitsdatum überschritten hat und bei dem man nicht genau einschätzen kann, was dabei herauskommt. Wenn dabei wider alle Planung etwas herauskommt, nennt man die verantwortliche Wundertüte auch «Weingummi».

WÜRFELNATTER
a) Das dulcephile Kind, das begierig nach der Dose mit dem Würfelzucker schielt.

b) Ein Vertreter des Kubismus, der einem Kollegen ein scheinheiliges Kompliment macht, ihm also Würfelzucker in den Hintern bläst.
c) Ein übler Zeitgenosse, der beim Mensch-ärgere-Dich-nicht hemmungslos bescheißt.

WURMKUR
Mutterschaftsurlaub.

WÜRSTCHENBUDE
Das Appartment eines Schattenparkers, Frauenverstehers oder Teletubbie-Zurückwinkers. Gängige Synonyme sind: Würstchendose, Eierkarton, Laufstall.

WURSTPELLE
Der strack sitzende Jogginganzug einer angepummelten Person.

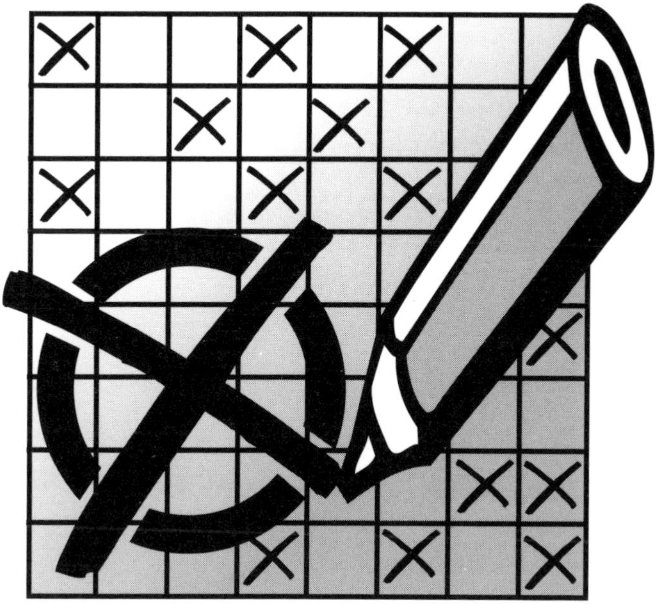

DAS X

Das X bildet den 24. Buchstaben des deutschen Alphabets und ist absolute Voraussetzung, wenn jemand einem anderen ein X für ein U vormachen will. Das X steht nicht nur in der Mathematik, sondern auch bei der Fernsehshow Aktenzeichen XY für die bzw. für das Unbekannte. Durch Ungewissheit ausgelöste Spannung spielt ebenfalls eine Rolle, wenn man mit diesem Zeichen einen Lottoschein ausfüllt oder einen anonymen Drohbrief signiert. Sein schlichtes, an ein Jägerzaunsegment erinnerndes Design macht dieses Zeichen auch zum beliebten Ausdrucksmittel des Analphabeten, der damit

zum Beispiel einen Kaufvertrag (über ein 30-bändiges Lexikon) oder ein Geständnis unterschreibt («Ich habe abgeschrieben!») Leider ist die Bedeutung fast aller mit X beginnender Wörter längst entschlüsselt und in handelsüblichen Lexika hinreichend dokumentiert.
Lediglich drei Wörter konnten bis heute ihre Bedeutung als Geheimnis halten – aber damit ist jetzt Schluss!

XAVER
Raver auf der X-Mas-Party.

XANTHIPPE
Ein zickige Frau aus Xanten.

XYLOPHON
Physikalische Maßeinheit. Die Lautstärke des den Ball treffenden Hockeyschlägers wird in Xylophon gemessen. Die Aufschlagenergie des den Kopf treffenden Balls misst man dagegen in Dezibel (Abgekürzt: debil).

DAS Y

Das Y ist der 25. Buchstabe unseres ABCs und symbolisiert das seltene Edelmetall Ytttrium. Das Ypsilon schreibt sich genauso wie man es spricht und sieht aus wie eine Zwille ohne Zwillengummi. Zu Recht, denn wenn dieser Buchstabe ins Spiel kommt, geraten wir nur allzu oft ins Schleudern. Oder gehören Sie zu den beneidenswerten Mitmenschen, die wissen, dass Ypern in Belgien liegt, Ylang-Ylang zu den Anonengewächs gehört und der Youngster ein Berufsganove ist, der in natura wesentlich jünger aussieht als auf seinem Steckbrief? Ach, sie wussten es? Dann aber sofort die Koffer gepackt und eine Karriere als TV-Quiz-Berufskandidat starten. Oder besser erst noch das nächste Kapitelchen durchlesen und dann Koffer packen und Herrn Jauch auf die Pelle rücken. Vielleicht hängt ja eines Tages Ihre erste Million davon ab, ob Sie eines der folgenden Wörter kennen.

YAK
Tibetanischer Frack aus Yetiwolle. Bei hohen Feierlichkeiten besteht für den tibetischen Herrn Yakzwang.

YETI
Asiatischer Bergbauer bei der Gartenarbeit. Nicht zu verwechseln mit Pleti, und Kreti, einem griechischen Wasserhahn.

YIN & YANG
Das Ding-Dong des fernöstlichen Tempelgongs.

YOGA
Festgewand der römischen Männer von ca. 64 v.Ch bis 63 v. Ch. Das Anlegen der Yoga war sehr schwer und gelang meistens nur unter einer Kette von Flüchen und Verrenkungen.

YOYO
Eine Person, deren Ohren chronisch auf Durchzug gestellt sind, die trotzdem zu allem Ja und Amen sagt.

YUPPIE
Ein auf den Hybriden gezüchteter Speisefisch. Eine Mischung aus Guppie und Yoldfisch.

DAS Z

Für viele Menschen ist der Buchstabe Z das Allerletzte. Womit sie Recht haben könnten. Denn das Z bildet das Schlusslicht des deutschen Alphabets. Und auch bei Wörtern wie Netz, Hosenmatz, Latz, Kibbuz und Schatz hat es stets den letzten Ton. Man könnte fast meinen, aus Trotz. Denn es hat gute Gründe, zornig zu sein: es erfreut sich allgemeiner Ignoranz. Kein Musiker hat es je in eine Tonleiter gestellt, kein Biochemiker nach ihm ein Vitamin und kein Chemiker ein Element auf seinen Namen getauft. (Gut, es gibt die Abkürzung für Zinn, doch dafür drückte man dem Z ein N aufs Auge.)
Doch gab es einen Mann, der große Stücke auf diesen

Buchstaben hielt. Jener legendäre Man in Black, der verwegen und furchtlos mit dem Degen für Rache und Gerechtigkeit ritzte. Sein Name: Zorro. Niemand vermag abzuschätzen, wie vielen Bösewichtern, Unterjochern, Mauern, Bäumen, Stallwänden, Schlossmauern, Pferdehintern und Rheumadecken er sein zackiges Monogramm verpasste und nur ein Kreis Auserlesener kennt den Namen des Mannes hinter der Maske. Jener ist so klein wie der illustre Zirkel, der um die Bedeutung der folgenden Wörter weiß. Schließen Sie sich ihm an.

ZAGHAFT
Die vom Häftling nur zögerlich, nur auf einer Backe abgesessene Haftstrafe. Zur Pflege der durch das ständige Sitzen strapazierten Backenhaut verwendet er Haftcreme.

ZAHNFLEISCH
Der gemeine Fitzel Schnitzel, Gyros oder Frikadelle, der zwischen den Zähnen seinen Standort standhaft gegen den Zahnstocher zu verteidigen weiß. Kann beim Zungenkuss zu Irritationen des jeweiligen Lippenpartners führen, falls Letzterer weder Schnitzel, Gyros oder Frikadelle zu schätzen weiß.

ZAHNPASTA
Ein besonders hartes, den Zahnschmelz gefährdendes Nudelgericht. Zum Beispiel halb gar gekochte Tortellini, die im Backofen zwei Stunden lang bei 250 Grad mit Schmelzkäse überbacken wurden. Im Gegensatz zu «al dente» spricht man dann von «al kukidente». (Siehe auch AL DENTE.)

ZÄPFCHEN
Winzige Tankstelle. Einen Kunden, der sich ohne zu bezahlen aus dem Staub macht und somit dem Tankstellenpächter einen bösen Zapfenstreich spielt, nennt der Schwabe «Zapfsäule».

ZAPPENDUSTER
Wenn einem von zu heftiger Herumzapperei ganz schwarz vor Augen wird. Nervöses Herumzappen nennt man auch «Zappeln».

ZAUNKÖNIG
Stefan Raab.

ZECHPRELLER
Ein Kumpel unter Tage, der im Schacht böse gegen einen Stützpfosten knallt. Da diese Streben Stempel heißen, kassiert der Kumpel danach «Stempelgeld», eine Art Schmerzensgeld.

ZEHNKAMPF
Eine Prügelei mit exakt 10 Personen, die aufgrund einer gewissen Klangähnlichkeit gelegentlich mit dem Zehenkrampf verwechselt wird.

ZEITRAFFER
a) Gegenteil von Zeitschinder. Zum Beispiel eine Fußballmannschaft, die viel zu hektisch spielt.
b) Eine Person, welcher schmerzhaft bewusst wird, dass ihr nicht mehr allzu viele Tage beschienen sind – die Unendlichkeit mal nicht mitgerechnet.

ZEITZÜNDER
Eine bemerkenswert begriffsstutzige Person.

ZELTSTADT
Eine Stadt, bei deren Anblick man sich von Herzen wünscht, sie ließe sich so rasch zusammenfalten wie ein Zelt. Der Philosoph und Dichter Nikolas von Göbel setzte den Zeltstädten der Welt viele kleine Denkmäler. Hier eine Auswahl: (Siehe auch Kapstadt.)

«Es weht ein Hauch von Dritter Welt von Nord nach Süd durch Bitterfeld.»
«Auch wenn mir laut der Magen knurrt, ich esse nichts in Klagenfurt.»
«Schnarchen dröhnt durchs Städtchen Bonn – man wartet auf die Nachsaison.»
«Wuppertals urbane Pracht hat Psychiater reich gemacht.»
«Neapel seh'n und dann verrecken – so kann man echte Neugier wecken.»
«Nie sah man wen in Meinerzhagen ein Lächeln oder frische Socken tragen.»
«Nichtmal der Senf ist scharf in Genf.»
«Herr, lass mich reisen oft und weit, doch bitte nicht nach Lüdenscheidt.»
«Lebenslust in Ingelheim gibt es nur auf Krankenschein.»
«Im Ruhrgebiet liegt Hagen und auch noch schwer im Magen.»

ZENTRIFUGE
Die Ritze genau in der Mitte von irgendwas. Zum Beispiel im Brötchen. Die Energie, die der Bäcker aufwendet, um diese Ritze zu formen, heißt Zentrifugalkraft.

ZIELGRUPPE
In einer öffentlichen Toilette die einträchtig an den Urinalen nebeneinander stehenden Männer. Gleichbedeutend ist der «Strahlenkranz».

ZIERFISCH
Ein zwischen dem 20. Februar und 20. März geborener Mensch, der sich nicht traut.

ZIERKAKTUS
Eine Succulente, die sich vor lauter Schüchternheit nicht traut zu stechen.

ZIMMERMANN
Androgyn wirkendes Zimmermädchen.

ZIMSTSTERN
Beim nächtlichen Outdoor-Rendezvous der Stern, den ER als Aufhänger wählt, um Süßholz zu raspeln. Sollte SIE dagegen überhaupt nicht seiner Meinung sein, dass dieser eine Stern ihren Augen ähnelt – schließlich hat sie ja zwei Augen –, mutiert sie in seinen Augen zur sogenannten Zimtzicke.
Ein weiterer, bei Männern höchst beliebter Stichwortgeber ist der Fixstern: «Siehst Du den Stern da oben? Das ist ein Fixstern! Lass es uns fix machen!»

ZINNOBER
Ein Kellner, der standhaft wie ein Zinnsoldat die Gäste ignoriert. Häufige Ursachen für dieses Verhalten können sein: Arroganz, Schüchternheit, Streik und Leichenstarre.

ZITRONENRESSE
Eine Druckerzeugnis, dessen reißerische Berichterstattung

uns verstimmt, ja sauer macht. Den Zeitungsleser, der wutschnaubend eine solche Zeitung zerknüllt, nennen wir ZITRONENFALTER. Der Zeitpunkt des Zerknüllens entscheidet, ob es sich um einen TAG- oder um einen NACHTFALTER handelt.

ZITTERPARTIE
Ein Schachduell, das von einem Erdbeben begleitet wird.

ZITTERROCHEN
a) Ein Opel-Manta Baujahr 74, der in den nächsten Tagen zum TÜV muss.
b) Ein Opel-Manta Baujahr irgendwann, dessen Betreiber am liebsten Kassetten mit alpiner Folklore in den Autorekorder schiebt.
c) Ein Manta, dessen bekiffter Fahrer den übrigen Insassen das Fürchten lehrt. Anstatt auf den Fahrer pädagogisch wertvoll einzuwirken, ziehen sie den Fuchsschwanz ein – was nicht gut ist.

ZOCKEN
Das zaghafte, zunächst nur aus gegenseitigem Taxieren bestehende Vorspiel von Zicke und Bock.

ZUBROT
a) Dosenbrotdose im Zustand perfekter Virginalität.
b) Alles, was man auf die Brotscheibe legen oder schmieren kann.

ZUCHTBULLE
Ein mehr als branchenüblich auf Law and Order pochender Polizeibeamter.

ZUCHTPERLE
Übermäßig strenge Haushälterin.

ZUCHTSTUTEN
Ein hartgebackenes Weißbrot, das in früheren Jahrhunderten dem Zuchthauspersonal zur Niederschlagung von Zuchthausrevolten diente. Waren diese erst niedergeschlagen und die solchermaßen Betrof-

fenen befanden sich auch in einem echt niedergeschlagenen Zustand, diente es ihrer Ernährung. Zumindest theoretisch. Aber praktisch gesehen lieferten sie das Rohmaterial für Holzschuhe und Kastagnetten, die zu schnitzen den Gezüchtigten ein karges, rosinenloses Einkommen garantierten.

ZUCKERRÜBE
a) Vorderer Kopfbereich eines hektischen Menschen, der auf der Kirmes mit der Zuckerwatte oder mit einem Puderzukkerteilchen kämpft und dessen olfaktorisches Zentralorgan «Rübennase» heißt. Schleudert er das Teilchen wütend, weil im Kampfe unterliegend, von sich, sprechen wir von einem «Teilchenbeschleuniger», einem sogenannten Zyklotron.
b) Kopf eines Diabetikers

ZUCKMAYER
Veraltete Vokabel für einen Epileptiker mit Diabetis.

ZUGPOSAUNE
Die korpulente Matrone in unserem Eisenbahnabteil, die das Befindlichkeitsgespräch mit ihrem Männlein in einer derartigen Lautstärke führt, dass es uns die Ohrmuscheln schier nach innen drücken will. Ganz gegen unseren Willen erfahren wir, dass Männe schnarcht, zuwenig an die frische Luft geht, Mittwochs Stammtisch hat und überhaupt ein rechter Schattenparker ist.

ZUNGENBRECHER
Die durch einen allzu aufdringlich ausgestalteten Zungenkuss verursachte antiperistaltische Reaktion zwischen Magen und Speiseröhre.

ZWANGSVORSTELLUNG
Der vom Lebenspartner erzwungene gemeinsame Besuch einer kulturellen Veranstaltung. Eine vor allem bei kulturell ambivalenten Männern unbeliebte Zwangsvorstellung

ist der Besuch einer Wagner-Oper. Die Unbeliebtheit kennt viele Gründe:
1) Der Frackzwang,
2) Die nicht unerhebliche Geräuschbelästigung durch Menschen, welche aus dem Munde singen.
3) Das totale Abgeschnittensein von alkoholhaltigen Erfrischungsgetränken.
Und überhaupt ist Wagner nichts für schwache Blasen.

ZWEIGSTELLE
a) Derjenige Punkt am Baum, an dem ein Ast entspringt oder zumindest entspringen sollte.
b) In England und den USA der Bereich über der Tür, der für die weihnachtliche Mistelzweig-Dekoration vorgesehen ist. Wenn dieser hängt, ist es jedem beliebigen Herren gestattet, jede Dame, die unter dem Mistelzweig hindurchgeht, formlos zu küssen.

ZWICKAU
Der semionomatopoetische Schmerzruf eines Menschen, dem gerade aus Gründen der sexuellen Belustigung oder der Kreislaufstimulation in den Hintern gekniffen wird.

ZWILLE
Ein Frau, die muttertiermäßig gut drauf und wild entschlossen ist, Zwillinge in die Welt zu setzen. Das dazu in Anspruch genommene Männchen nennt der Berliner Papa Zwille.

ZWINGLI
Schwytzerdütschwörtli fürs enge Parisierli.

ZWITTER
Ein Duo, bestehend aus zwei zweieiigen Zitherspielern.

INHALT

Der Autor

Klaus De Rottwinkel erblickte am 19. Mai 1958 in Düsseldorf das elektrische Licht der Welt und entschied sich für eine Karriere als Einzelkind. Bis zu seinem zwölften Lebensjahr schrieb er drei Bücher, von denen zwei verkauft und eins verschenkt wurde; Ritterromane voller Duelle, Belagerungen und Rechtschreibfehler. Nach beruflichen Teilerfolgen als Schüler, Grafiker, Solo-Gitarrist und Marinesoldat kehrte er 1983 der Realität den Rücken zu, um Sketche und Texte für Fernsehshows sowie hahnebüchende Liebesgedichte zu schreiben.
Mittlerweile lebt er in einem sauerländischen 43-Seelendorf, wo er schreibt, Skorpione züchtet und Spielzeugeisenbahnen sammelt. Außerdem sammelt er Dinge aus Metall, die nicht mehr als 2 Tonnen wiegen und mit dem Buchstaben X oder Y beginnen und scheint darüberhinaus keineswegs geneigt, irgend etwas Sinnvolles zu machen.

KRITIKERECHO

«Wenn das Blödsikon in die Bestsellerliste kommt, fress ich meinen Besen.»

Hairy Potter

«Hab's mal meiner Ex-Frau zur Scheidung geschenkt. Soll sie doch auch mal das letzte Wort haben.»

Rudolfo Scharping
(Kampfschweiger)

«Tausend mal studiert und endlich was kapiert.»

Claus Lage um Lage

«Also ich fand das Blödsikon dermaßen hypogeil, dass ich es mir nächste Woche gleich nochmal vorlesen lasse!»

Boris Decker
(Tennislehrer und ehrenamtlicher Samenspender)

«Lustiger als die Bibel, spannender als das Wuppertaler Telefonbuch, erotischer als mein Tagebuch.»

Else Klink (Hausdrachen)

«Hallo Frroinde, ich bins, euer guter Frroind Peter. Das Bllödsikon ist ein Knaller. Gemeinsam mit meinen guten Frroinden, den Brrüdern Beluga und Rabaluga Kaviarr, habe ich gut abgelacht, als sie es mirr vorrgelesen haben.»

Sir Pieter Maffai (Rock-Riese)

«Gelesen und Wortschatz sich verdoppelt. Kann jetzt 50.»

Marion Bassler
(Abwehrkettenraucherin)

«Natürlich kenne ich das Blödsikon. Aber ich schwöre bei der Glut meiner Zigarre, dass ich es trotzdem niemals gelesen habe.»

Bill Clinton
(Berufsamerikaner und Praktikantinnen-Anwender)

«Blödsikon ist 'ne feine Sache. Kann man prima im Bett lesen. Am besten gleich vor der Zigarette danach. Ein echter Bettseller.»

Jenny Selvers
(Samenbankangestellte)

«Ach ja, ich hab' eben da was vergessen zu sagen und zwar wollte ich sagen, dass ich das ... das ... das ... ahja ... es ist, glaube ich, ein Buch, also alle meine Kinder bekommen eins von mir. Natürlich auch die Mütter, die eins von mir haben. Jedenfalls alle meine Kinder, die wo ich kenne.»

Boris Decker (siehe oben)

«Vieles in dem Blödsikon kam mir so wundersam, ja eigentümlich vertraut vor. Vor allem die Buchstaben A, B, C und D.»

Gunter Jauch
(Männecken Quiz und Millionenmacher)

«Habs gelesen und danach gleich meinem debilen Brüderchen geschenkt – als Rache für seine miesen Anlagetips.»

Thomas Spottschalck
(Wettteufel und Berufsblonderich)

«Schade, wollte ich auch gerade schreiben.»

Vera Lind
(Familienplanerin)

«Nehmen wir mal an, da wäre jemand im Hier und Jetzt, der mir Fragen stellt. Postulieren wir weiterführend, diese fiktive Person stellt mir eine Frage dahingehend, welche drei Bücher ich mit auf ein einsames Eiland mitnähme. Eine Insel also. Auf einen metaphorischen Fels in der Brandung sozusagen. Nun, meine Antwort fiele glasklar aus. Nicht aus Kalkül, nicht aus Erfordernissen der Rationalität heraus, auch nicht aus Gründen der Funktionalität, nicht um irgendwie den Eindruck literarischer Bohème zu erwecken, sondern schlicht und simpel … äh … verzeihen Sie bitte, aber wie war die Frage noch mal?»

Piroschka Fischer
(Meinungsmacher und Marathonman)

DIE WIRKLICH BEWEGENDEN GESPRÄCHSTHEMEN VON HEUTE:

SEX und COMPUTER! Drohende Stolpersteine, Missgeschicke, Fallen, Gefahren, Katastrophen, Tragödien und Desaster rund um die wichtigsten Themen schonungslos aufzudecken und dadurch vielleicht vor dem einen oder anderen Fiasko zu schützen: das ist das Anliegen der neuen Reihe im Rake Verlag.

Fiasko Sex
von P.W. Fischer
ISBN 3-931476-60-X

Der Autor P.W. Fischer informiert uns über die Geschichte des Sex von Adam («Wenn es bei der Rippensache geblieben wäre, hätten wir all den Stress natürlich nicht!») bis in unsere multimedial gesättigte Gegenwart. Sex ist überall, Sex ist immer gegenwärtig. Sex macht Spaß. Und verleitet zu Handlungen, die den Verlauf der Weltgeschichte bestimmen. Dieses Buch ist vor allem für diejenigen geschrieben, die den wahren Hintergrund unserer Existenz begreifen wollen!

Fiasko Computer
von Pfeffermann & Sommer
ISBN 3-931476-61-8

Das Autorenduo Sommer und Pfeffermann gibt informativ und unterhaltend unbezahlbare Tipps, was Sie beim Computer alles beachten sollten. Vom Kauf, über die Installation bis hin zum Service können Sie wertvolles Wissen nachlesen. Fachbegriffe werden erklärt und anhand von Fallbeispielen dargestellt. Nach dem Studieren dieses Buches wissen Sie: Auf dem multimedialen Computermarkt wird oft mit heißer Luft geschossen und auch nur mit Wasser gekocht!

If…, die wahre Geschichte der Welt
von Perscheid & Haas
Mit farbigen Illustrationen von Martn Perscheid
ISBN 3-931476-25-1

Martin Perscheid, geb. 1966, lebt und arbeitet als freischaffender Illustrator und Cartoonist in der Nähe von Köln.

Jens Oliver Haas, geb. 1967 in Frankfurt/Main. Er arbeitet als Comedy-Texter fürs Fernsehen und lebt in Köln.

If…, das ist lebendige Geschichte für Zweifler, Spötter und Phantasten. In 15 Kapiteln wird die Geschichte vom Urknall, der Steinzeit, der Entdeckung Amerikas, der Mondlandung bis hin zur Wiedervereinigung neu geschrieben. Auf der Grundlage historischer Fakten stellt das Buch die ketzerische Frage, wie es gelaufen wäre, wenn …
Perscheid und Haas haben ihre Köpfe zusammengesteckt und herausgekommen ist die seit langem witzigste Geschichtsschreibung unserer Zeit!

Floradomie
farbige Bildergeschichte in 40 Seiten von M. Perscheid
ISBN 3-931476-29-4

Martin Perscheid beeindruckt mit einer einzigartigen Bildergeschichte – von der Liebe eines Mannes zu einer Blume. Romantisch? Ja! Mit Herz? Ja! Süßlich-sentimental? Mitnichten! Perscheid bleibt der Groteske seiner Cartoons treu: Eine Romanze mit wahrlich wundersamem Ausgang, denn die Liebe zur Blume lässt den Mann Wurzeln schlagen!

G. Korn-Steinmetz, Rhein-Zeitung
»Er erinnert an den Grandseigneur des deutschen Humors: Loriot. Seine Romane und Kurzgeschichten zählen zum Besten, was derzeit an deutschem Humor geboten wird.«

tip, Berlin Magazin
»Wundertütenfüller«

Lüneburger Landeszeitung
»Die Geschichten, die ein wenig ins Surreale abdriften, in Bereiche, bei denen die harten Konturen der Realität zu verschwimmen drohen, sind Sareks Metier. Das Ganze ist originell und spannend und wunderbar ironisch-witzig, mit leichter Hand geschrieben.«

Frankfurter Rundschau
»Er (Sarek) hat Fantasie, verwebt Skurriles mit Fantastischem, fügt Alltägliches bei, würzt mit Satire und bekennt sich zu einer »gewissen Naivität«. Stephan Sarek verleiht nicht nur einem Schwein Flügel, sondern auch der Fantasie des Lesers. »Können Pinguine fliegen?« Warum nicht. Verliebte Bären können es doch auch!

»SEEMANNSGARN«
ERZÄHLUNGEN
ISBN 3-931476-28-6

»DER MUMIENGARTEN«
ROMAN
ISBN 3-931476-18-9

»DAS HANFKRAFTWERK«
ROMAN
ISBN 3-931476-24-3

TRUTHUHNPARADIES«
ROMAN
ISBN 3-931476-06-5

»KÖNNEN PINGUINE FLIEGEN?«, ERZÄHLUNGEN
ISBN 3-931476-04-9

... vom Reiselustigen auch liebevoll «in Urlaub fahren» genannt, rangiert ganz oben auf der Hitliste der Deutschen. Der Rucksacktourist mit sehnsuchtsvollem Blick, der braungebrannte Segler oder der Familienvater vor dem vollgepackten Auto – sie alle haben eins gemeinsam: die Aussicht auf URLAUB und ABENTEUER. Welche überraschenden Formen diese Abenteuer im Urlaubsland annehmen können, davon berichtet die neue Reihe bei Rake: (K)EIN URLAUB!

(K)EIN URLAUB IN ITALIEN
VON MATTHIAS SOMMER
ISBN 3-931476-71-5

Matthias Sommer entführt Sie nach Italien. Die meisten Italien-Unfälle beruhen auf der Tollpatschigkeit des Deutschen. Diese wird dem Leser vor Augen gehalten und erklärt, um sie ihm zu ersparen. Der Autor macht dem Urlaubswilligen das Land der blühenden Zitronen auf ironische Art schmackhaft. Er nennt Tipps und Tricks für einen unverdorbenen Urlaub. Damit auch Sie sagen können: Bella Italia!

(K)EIN URLAUB AUF MALLORCA
VON STEFAN THODE
ISBN 3-931476-72-3

Mallorca: Hier Sonne, Champagner und Fincas; dort Sonnenbrand, Dosenbier und Hotelburgen. Und mittendrin hat sich eine Spezies breit gemacht, unaufhaltsam und gnadenlos: der DEUTSCHE.
Was man auf Mallorca erleben kann, was man tunlichst vermeiden sollte, erfährt man in Thodes Band. Lustige, skurrile und abwechslungsreiche Begegnungen in dem «17. Bundesland»!

Das große Lexikon
der kleinen
Missgeschicke
aus Presse, Funk & Fernsehen

DAS LEXIKON FÜR SPÖTTER UND LEIDENDE!

Der Fachjournalist Bernd Ellermann hat aus internationalen Presse- und Agenturmeldungen, aus Versicherungsfällen und Polizeiberichten die absurdesten und kuriosesten Artikel zusammengestellt. Herausgekommen ist das wahrlich unterhaltsamste Lexikon auf dem heutigen Buchmarkt für diejenigen, denen beim Lesen vor Lachen die Tränen kommen, die ungläubig den Kopf schütteln oder einfach feststellen, wie unperfekt und kurios das Leben sein kann.

Pressemeldungen von Leichen und Lebenden, dümmsten Ganoven, Pannen rund ums Auto, grotesken Schadensersatzansprüchen, Neuem von der Sexfront und Reiseerlebnissen der anderen Art hat Bernd Ellermann für Sie zusammengetragen und niedergeschrieben. Dieses Lexikon hält uns wörtlich vor Augen, dass es ja noch schlimmer hätte kommen können! Ein Buch für Leidende und Spötter!

Herausgegeben von Bernd Ellermann

Mit Illustrationen von Andreas Poloczek

RAKE VERLAG

ISBN 3-931476-55-3